北大培文杯

全国青少年创意写作大赛优秀作品

少年未来说 第1季

曹文轩　高秀芹　主编

中国人民大学出版社

·北　京·

决赛阅卷评委

曹文轩　北京大学教授、著名作家、“国际安徒生奖”获得者
李敬泽　中国作家协会副主席、著名评论家
白　烨　中国当代文学研究会会长、著名评论家
陈晓明　北京大学教授、著名评论家、长江学者
陈旭光　北京大学教授、著名评论家
孙玉文　北京大学教授、著名学者
高远东　北京大学教授、著名学者
臧　棣　北京大学教授、著名诗人
汪　锋　北京大学教授、著名学者
高秀芹　北京大学中国诗歌研究院副院长、著名诗人
邵燕君　北京大学副教授、著名评论家
格　非　清华大学教授、著名作家
刁克利　中国人民大学教授、著名学者
孟繁华　沈阳师范大学教授、著名评论家
贺绍俊　沈阳师范大学教授、著名评论家
郜元宝　复旦大学教授、著名学者、长江学者
王　尧　苏州大学教授、著名评论家、长江学者
谢有顺　中山大学教授、著名评论家、长江学者
郭冰茹　中山大学教授、著名评论家
欧阳友权　中南大学教授、著名评论家
李剑锋　山东大学教授、著名学者

张鸿声	中国传媒大学教授、著名学者
陈福民	中国社会科学院研究员、著名评论家
罗　岗	华东师范大学教授、著名学者
倪文尖	华东师范大学副教授、著名学者、教育家
张　生	同济大学教授、著名评论家
张学昕	辽宁师范大学教授、著名评论家
刘川鄂	湖北大学教授、著名评论家
何　平	南京师范大学教授、著名评论家
谭旭东	上海大学教授、著名评论家
张　莉	天津师范大学教授、著名评论家
孙民乐	中国人民大学副教授、著名学者
杨庆祥	中国人民大学副教授、著名评论家
胡少卿	对外经济贸易大学教授、著名诗人
彭　程	《光明日报》领衔编辑、著名评论家和散文家
李　舫	人民日报海外版副总编辑、著名评论家和散文家
王　干	《小说选刊》主编、著名评论家
孙甘露	《萌芽》主编、著名作家
黄宾堂	作家出版社总编辑、著名评论家
梁　彬	《新华文摘》编审、著名评论家
萧立军	《中国作家》原副主编、著名评论家和编辑家
赵　瑜	中国报告文学学会副会长、著名作家
罗　勇	四川省作家协会巡视员、著名评论家
柳袁照	著名诗人、教育家
朱　竞	著名作家、编审
顾建平	《小说选刊》副主编、著名评论家
金　宁	《文艺研究》副主编、著名评论家

吴　玄　《西湖》主编、著名作家
徐则臣　《人民文学》编辑、著名作家
吕　正　《萌芽》编辑、著名作家
石一枫　《当代》编辑、著名作家
舒晋瑜　《中华读书报》编辑、著名评论家
堵　力　《中国青年报》编辑、著名评论家
彭　敏　《诗刊》编辑、著名诗人
郑熙青　中国社会科学院助理研究员、青年评论家
林　品　首都师范大学教师、青年评论家
薛　静　清华大学博士后、青年评论家
王玉王　北京大学博士生、青年评论家

阅读，让你的创作自然流淌

曹文轩

我曾经写过一本童话书《羽毛》，讲了这么一个故事：草地上有一根羽毛，无人问津，也不知道已经在这个地方待了多久。这天早晨，来了一个男孩、一个女孩，他们把这根羽毛捡起来看了看，然后又重新丢到草丛里。临走时，女孩问男孩，这根羽毛是属于谁的呢？羽毛记住了这句话，从此开始了一段漫长的寻找之旅，它遇到了一只又一只鸟，可是那些鸟都告诉它：你不是我的。

后来，它遇到了云雀，云雀对羽毛讲：你不是我的，但我可以帮助你满足一个愿望——我可以把你带到高高的天空，因为我是这个世界上飞得最高的鸟。然后，它就衔着这根羽毛，一个劲儿地往高空飞去。云雀穿越了云层，张开嘴巴，放下羽毛，羽毛悠然飘落。云雀一路相伴，羽毛落在了一座山头。岩石上站着一只鹰，羽毛就无缘无故地觉得它是属于那只鹰的。于是，它就问鹰：我是你的吗？可是，鹰的注意力正在前方——前方的天空飞着一只鸟。羽毛说：啊，我认识它，它是云雀。它的话还没有说完，鹰就起飞了，不一会儿，天空传来一声凄厉的叫声，两滴血珠从高高的天空坠落下来。羽毛在心里呼唤：风啊，你把我吹走吧！来了一阵大风，把羽毛吹了下来。羽毛就在峡谷里盘旋，盘旋，最终落在了一块草地上。

又是一连许多天过去了。这天早晨，阳光灿烂，一只母鸡带着一群小鸡来这个地方觅食，这是欢乐祥和的一家子，情景非常动人。羽毛想，其实在地上也挺好的。它想问这只母鸡：我是你的吗？可是，它已经没有勇气了。温暖的阳光下，那只母鸡展开了翅膀，它的翅膀上缺了一根羽毛！这根羽毛也许就是这只母鸡的，也许不是。

这是一个有关“我们属于谁”的故事，里面也包含了友情、悲剧。无论你生活在城市还是农村，或许你都看到过一根羽毛。这个世界是如此美妙，每时每刻都会发生故事，有着无比丰富的写作矿藏。要发现这些矿藏，最有效的方法就在于阅读。通过丰富的阅读，有一些东西便会进入你的血液里，创作的时候就自然流淌出来。

关于写作，无论如何强调阅读的意义都不为过。写作的灵感一定是来自于知识。一个没有知识浸润的大脑，是不可能有灵感的，也不可能有发现写作财富的眼力。当你拥有了丰富的阅读经验，你便拥有无限创造的可能性，具备发现写作财富的眼力，以及可贵的思辨力和想象力。阅读让我们告别笨拙、粗鲁。

不过，我们今天面临着泛滥成灾的、无意义的、劣质的图书，它们无助于提升我们的美感认知，甚至会像浑浊的污水玷污我们的心灵。去阅读那些能打精神底子的书、具有高贵血统的书，应是我们的选择。法国作家莫洛亚说过：“阅读时，在众多的作品中，要给伟大的作品一席显赫之地。”“不要把自己淹没在一般性书籍的海洋中。名著之多，我们已经无暇一一问津。要相信前人的选择，一个人兴许看错，一代人也兴许看错，而整个人类不会看错。荷马史诗、塔西佗、莎士比亚、莫里哀等都肯定无愧于他们的荣誉。”人类文明的历史告诉我们，书是有血统的。鲁迅的书、《红楼梦》、契诃夫的小说、安徒生的童话都是一些具有高贵血统的书。比如从鲁迅那里，我们不仅能汲取到丰富的思想营养，也能学习他作为经典作家的许多高贵品质，比如他的创造性、语言的精确度以及观察的耐心。在《高老夫子》中，鲁迅写道：“不多久，每一个桌角上都点起一枝细瘦的洋烛来，他们四人便入座了。”描写洋烛的颜色，并不新鲜；描写洋烛的亮光，也很普通。在这里，异于常人之处在于他用了“细瘦”二字。《在酒楼上》中的对话艺术十分精彩，文中写道：“窗外沙沙的一阵声响，许多积雪从被他压弯了的一技山茶树上滑下去了，树枝笔挺的伸直，更显出乌油油的肥叶和血红的花来。”我们不难想象，这种描写是出自一份多么耐心的观察！其中“乌油油的肥叶”，又是如何的形象、富有创造力！我们阅读鲁迅的作品，总能说出不少精彩的细节，发现鲁迅作为一位优秀作家的高贵品质。

阅读那些高贵的书，你会发现，你的想象不再枯竭，你的表达不至于苍白，你还将学会凝视这个世界，久而久之，文字便犹如清泉，自然地流淌出来。这是写作最真实的诀窍。

目录

第五辑 人工风

附录：2018第五届“北大培文杯”全国青少年创意写作大赛小学组题目

第一辑 童年如镜

“童年如镜”所收诗歌，犹如一面面镜子，映照出了一份份清澈和纯洁的童心。小诗人们用富有想象力、充分形象化且凝练诗意的词句，认知并表述着他们眼中的世界，袒露着他们在成长路上的犹疑、困惑和奋发等种种内心波澜。

在这里，小蝴蝶会“像花儿一般绽开了笑”，蝴蝶妈妈“递给她一副望远镜”（林可悦：《望远镜》）；白燕和彩咬鹃会相爱，白燕“爱恋得真切”却又“挑剔与多变”，彩咬鹃由此“怅然”“迷乱”（孟婧婷：《爱的选择》）；风太大会是“阴险的黑色”，“嘿嘿冷笑”（王子言：《太多》）；纸“给小恐龙们穿上盔甲”“给人们发放枪械”（艾君昊：《纸之梦》）；榴花“即便散落在地 / 仍面带红光 / 不怨不恨地笑面阳光”（胡佳：《榴花殷红》）；“风继续高歌 / 海继续欢唱。/ 风卷起一把把细沙 / 兴奋地一吹 / 天女散花……”（周汉唐：《当风轻轻拂向海……》）；“蚊子，苍蝇，可真会享受 /——天天来蹭空调”（史佳睿：《起风以前》）；车站旁的花儿、树荫下的绿草“可曾忆起，/ 可曾感到，/ 分别时的痛苦？”（刘雅兮：《等待》）。外在的万事万物在小诗人们的眼中，是如此“物我合一”的可爱、有趣。自然而毫无违和感的人格化手法，让诗歌充满了童真童趣。

这个年龄段的孩子，正处于逐渐建立自我意识的时候。在这些诗歌中，我们还能看到一份份青春萌动、自我确立的宣言书。施佳宜在《童年如镜》中着意于“我说”“多想使这面镜子 / 透明如初”。陈家祺“从我生命的圆心出发”，对大人们所说的“两点之间直线最短、最快”提出质疑，认为“禁锢了种种奇思妙想”，勇敢地选择自己的路，诗歌最后一句“眼看着别人走着，跑着，跳着，甚至爬着。/带着笑，或带着泪，/经过他躺着的地方。”与“躺着”相对，对充满不确定的成长之路自我选择而又敢于自我担当，竟是这般令人震撼。王桓江笔下的荆棘花，“不听、不顾、不理会”朋友和家人的不解、嘲笑、担忧与劝阻的那种坚韧、傲然，何尝不是自我的一种期许呢？

令人惊喜的是，尽管雏莺初啼，但小诗人们正在自觉或不自觉地探索着种种诗意表达的可能性。有的诗歌已有意识地化用、整合各种阅读知识，隐约有着“知识性写作”的雏形。如王婧航的《远方的车站》，起首一句“小时候，父母给我们一张小小的车票”，恍然有余光中的“乡愁”感，“窗外的人在看着我们，/我们也在看着他们，/他们中有人想上车，/我们中有人想下车。”又让人感到卞之琳的“看风景”和钱锺书“围城”的气象。而这些阅读经验在整体表达中是和谐自然的，已超越了简单的模仿层面，是在驶向自己的“青春号”列车上的一份情思，是“有的人在笑，/有的人在闹，/有的人，/你想给她一个拥抱”这种童趣盎然中的一种小小的哲思。有的诗歌已擅长在一个完整的叙事结构中寄托自己的情感，如王桓江的《一朵盛放的荆棘花》，从南方到北方，从青山烟雨到荒芜贫瘠，随着一颗种子的迁徙，游刃有余地讲活了一个故事、一种精神。而像“花香，清淡可好，/丁香紫是完美的配对，/要像珠子滚过丝绸那般轻柔。”（王子言：《太多》）从嗅觉上的“清淡”花香，到“丁香紫”的观感，再到珠子、丝绸的触感，短短几句构成了一个丰富的诗意空间，充分调动起读者的想象，读后令人不禁欢欣。

我是王婧航，一个亦动亦静的女孩。我来自中关村一小。我爱阅读，爱画画，爱音乐，爱旅行，爱美食，爱幻想……最烦睡觉。希望像《哈利·波特》里的赫敏一样，有一个时间转换器，这样就可以一直做自己喜欢的事情。

我参加了校合唱团和戏剧社。合唱需要静下心来感受音乐旋律，不突出某一个声音才能唱出最优美的和声。戏剧则需要沉浸在角色里尽情发挥，大胆展现。

我喜欢清新纯净的文学作品，曹文轩的《蜻蜓眼》是我的最爱。

王婧航/画

远方的车站

王婧航

小时候，父母给我们一张小小的车票，
你看不见远方的征途，
更懵懂于站牌上奇妙的符号。
但，当你上车后，
你看见，
有的人在笑，
有的人在闹，
有的人，
你想给她一个拥抱。

列车员闯进视野，
一脸严肃，
他宣告自己是领导，
要求我们一同搭建美好时光。
身边的旅客告诉你，
远处有一站名叫中转站，
那里人们在晨曦的云雾中分别，
你将领上另一张车票，
踏上你自己的“青春号”。

窗外的风景不停变换，
时光的歌谣伴我们同行，
被圈在空调车厢里，
四季交替只是一幅画。
窗外的人在看着我们，
我们也在看着他们，
他们中有人想上车，
我们中有人想下车。

时钟滴滴答答，
岁月笑着长大，
时光在我们的记忆中刻下记号。
有的乘客拿出长笛，
迎着山谷吹出愿望，
听——那远山的回响，
那是梦想在呼唤。
未来把花瓣做成明信片，
寄给从前唱歌的人。
读着芬芳的明信片，
我仿佛嗅到明天。
起伏的成长线，
总刻在时光背面，
列车员释出魔法，
在睡梦中让我们长大。
路途在不知不觉中接近尾声，

但他默不作声，
但愿梦中的时空交错，
还会让我们遇见这段最美的流年。

嘘！
时钟还在滴滴答答，
我们还在笑着长大。
远方的车站呼唤分别，
心中的不舍默默流泪，
最后的时光吹出号角，
静静等待那远方车站的离别。

（作者学校：北京市海淀区中关村第一小学）

本文为2018第五届“北大培文杯”复赛第十七场参赛文

水瓶座，据说是十二星座中智商最高的星座。我叫陈家祺，是水瓶座男生，现在就读于北京市中关村第二小学。

我喜爱游戏、音乐、足球、羽毛球、阅读，围棋水平很好。文学在我看来是一种表达，表达不是堆砌华丽的辞藻发出无病呻吟的感叹，而是思想上的指引，是心底巨大的“有话想说”。我觉得，如果想在文学方面有所成就，就需要平时多积累、多思考。那些字词都摆在那里，只不过是乱的，就看谁能把它们排列得更美好，能完成心底的“巨大”。

从我生命的圆心出发

陈家祺

两点之间直线最短、最快，
大人们都这么说。
可为什么要最短，
为什么要最快，
谁也没告诉我。

这条线可能是最短、最快，
但却禁锢了种种奇思妙想，
让我脸上发光，
让我眼睛里面冒星星。
也许我并不想最短，
也并不想最快。

从我生命的圆心出发，
从出生到死亡，
是一条路。
也许我不愿走高速路，
而要走慢一点儿的路。

世界这么大，
我想多看看。
人只有一生，
但路有无数条，
从我生命的圆心出发。
有按部就班的大路，
拥拥挤挤，
乐趣平平。
有人迹罕至的小路，
冷冷清清，
不知结果。
既可能是灿烂的天地，
也可能是破烂的结局，
也有可能——
永远迷失……

从我生命的圆心出发，
可以左，可以右，
可以上，可以下，
可以东西南北 360 度，
画出无数条半径，
每一条，都是未知，
每一条，都是可能。
但人生很短，
可能只够从圆心走到圆周上的一个点。
可是，走到那一个点，

不管是偏西 60 度，
还是偏南 30 度，
我都要自己选择。

这条路，
能使心安宁，
能使心不再是叶浮萍，
深深扎下根去。
也许我选了一条不平坦的路，
但是我勇敢选择了呵，
有可能会痛苦，
也可能会孤独。
可这是我自己选择的路，
从我生命的圆心出发。

但那些一直跟随别人，
没有自己选择的人，
他连痛苦都感受不到。
就会像一块石头，
躺在地下，
感受不到任何事情。
日复一日，
感受不到脸上发光的幸福，
也感受不到眼睛里冒星星的懂得。
一生就像一天，
眼看着别人走着，跑着，跳着，甚至爬着。

带着笑，或带着泪，
经过他躺着的地方。

（作者学校：北京市海淀区中关村第二小学）

本文为2018第五届“北大培文杯”复赛第十四场参赛文

Hello，大家好，我叫施佳宜，是一名六年级的学生，就读于浙江省嵊州市逸夫小学。我喜爱阅读和唱歌，参加过合唱和作文社团。

对于文学，单就我的知识水平而言，我没法给予它一个完美的定义，只能用别人的话来讲述我对文学的看法。1984年，卡尔维诺在哈佛大学演讲中说：文学应有轻逸、速度、精确、鲜明、多样、连贯的价值。很多人说，读文科、搞文学的没有用，但他们所不知道的是，文学虽然无色、无形、无味，但它却不可否认地影响着人的心灵。

童年如镜

施佳宜

有人说，
童年是一首歌，
唱出我们最稚嫩的心灵；
有人说，
童年是一个梦，
梦到我们最纯洁的想法；
而我说，
童年是一面镜子，
看到我们最真实的自己。

小时候，
这面镜子一尘不染，
光滑如玉。
这时的我们，
天真可爱，
丝毫没有烦恼。
大一些，
这面镜子有了些灰尘，
几丝裂痕。

这时的我们，
有些不解
那外面的世界。

上小学，
这面镜子上就有了泥点，
条条裂痕。
这时的我们，
面带愁容，
整天苦不堪言。

我多想使这镜子
透明如初，
多想使这镜子
慢点
变脏、
变花……

童年如镜，
一去
不还。

（作者学校：浙江省嵊州市逸夫小学）

本文为2018第五届“北大培文杯”复赛第十五场参赛文

我是刘雅兮，一个性格活泼开朗的女孩，现在就读于山东省淄博市张店区实验小学。

我喜欢跑步、美术和阅读。我在“我的祖国，美丽的家乡”少年儿童艺术作品展上荣获铜奖，还在第七届“齐鲁情·山东省校园学生才艺展示大赛”中获得优秀奖。相对于美术，我更爱阅读。在我心情烦躁时，我便会从书架上拿出一本书来阅读，它总能安慰我的心灵。我很享受在阅读中的时光，仿佛一切都变慢了。

刘雅兮/画

等　待

刘雅兮

晨雾，
蒙蒙。
远方的车站，
还有几人在等待。

风，
吹醒梦境。
车，
开向黎明。
落漫枫红的山坡，
飘着片片落叶。

随风的脚步声，
伴丝雨的缠绵，
思愁人的心，
带着泪飞翔。

车站旁的花儿啊，
树荫下的绿草啊，

你们可曾忆起，
可曾感到，
分别时的痛苦？

滴答——
滴答——
思念的风
在吹，
吹走我的忧虑。

夜空中最亮的星，
请听我诉说：
在站台下，
在萤火虫的微弱的光下，
还有几人在苦苦等待。

（作者学校：山东省淄博市张店区实验小学）

本文为2018第五届“北大培文杯”复赛第十七场参赛文

孟婧婷，清华附中实验学校六年级学生，学习之余喜欢用钢琴弹奏抒情的音乐作为放松的方式，喜欢用明快的线条创作动漫人物，痴迷排球，爱好写作。

我喜欢看书，因为透过文字看见的是美丽或真实。一个人写出的文字或多或少会透露出 TA 的性格、TA 的生活方式，以及 TA 为人处世的态度。文学有太多种表达形式，以至于人们可以任意发挥，将自己心中的想法和情绪毫无保留地写出来。对于具有故事性的文学作品来说，读了它们，体会了它们，就相当于在不同的时间里、不同的环境下，度过了不同的人生，或精彩，或平淡，但必定使我们受益颇多！

爱的选择

孟婧婷

白燕雪白的翼，
守护一方清新素雅的天地；
彩咬鹃翠绿的尾，
展成一穗无与伦比的华美。
光影凌乱交错，
错出饱含爱意的失落，
失落萦绕着凄艳，
谱写白燕与彩咬鹃的点点滴滴。
眸中目光流转，
枝上恣意嬉闹，
缘分造就相遇，
相遇在香气氤氲的繁荫。

白燕爱恋——
她爱恋得真切。
可她的爱，
却又充斥着美丽、挑剔与多变。
她喜爱晴天的明朗，
却唯恐阳光的灼热刺痛她的双眼；

她喜爱雨天的浪漫，
又惧怕清凉的雨丝染湿她的双肩。
彩咬鹃的心儿渐渐绽出焦虑，
白燕的爱正在幻化成恐惧，
彩咬鹃无法渡过这条波动的曲线，
于是怅然振翅飞向天边。

对昔日的眷恋，
使他念起以往的苦辣酸甜，
却终究
风流云散，
往事如烟。

抬头望已是夜色朦胧，
夜空中闪烁着一颗奇特的星宿。
星宿上仿佛传来白燕的呜咽，
星光迷乱如同彩咬鹃的心。
我们彼此相爱，
可这爱太遥远，
只因你并非选择爱我的全部。

（作者学校：清华附中实验学校）

本文为2018第五届“北大培文杯”初赛参赛文

我是来自上海求知小学的王子言，一位孜孜不倦酷爱阅读的女孩。精于画画、唱歌；长于击剑、游泳；对公益满腔赤诚，曾拍卖画作捐给自闭症儿童。琴棋书画、诗花德艺，构成我生活中不可或缺的部分。创作的诗歌被收录在《给孩子的12堂诗歌课》中，还受邀参加“诗与远方——当下与未来”的对话活动。参与歌剧《卡门》童声合唱部分、学校的百年校庆邀请函制作等。喜欢读各种风格的作品，时不时写点随笔。通过学思结合的学习，唤起写作欲望，希望对文学的热爱能够成为生命的基因。

太 多

王子言

灰暗的角落，
迷迭的黑影，
苦恼的叹息……

过去，
一叶小舟
停泊在
一池金色的水中，
又是琥珀上
点了一滴墨汁，漫开来，
形成了你昼夜时
光彩夺目的双目……

如今，
丧失了兄弟姐妹的你，
整日与悲痛做伴，
昔日光彩何在？
而你，我的朋友，
你被封闭在铁罐中，

对你而言，
生命只不过几个钟头，
最多几天，
便要归阴府，
那香味也要荡然无存。

命似荠草如枯叶，
只为我享受。
暗红的颜色，
新鲜的味道永不腻烦。
你是我的消遣，
也是美味，
更是喜爱。

但纵春风十里花，
赏花不快愁更加。
可悲无亲无靠也，
愁又新当夕阳斜。

我的亲人
全都丧失，
你也要被吞噬。
整日待人伺候，
却没有
和朋友们……
雨，

风，
阳光
玩耍
那样快乐了。

风，不能太大，
否则就是阴险的黑色。
嘿嘿冷笑，
令我不寒而栗。
雨水，不能太大，重，致命。
它该是清凉的青色，
像是小鹿于深山中优雅前行那般温和。
阳光，可以明媚，可以抚慰，
但不能炽热，
也不能恶毒，
更不能刺眼，
该是嫣红色那样温馨。

花香，音乐，
也是如此。
花香，清淡可好，
丁香紫是完美的配对，
要像珠子滚过丝绸那般轻柔。
音乐，只要舒缓，
万万不可
像奔腾野马一般

冲过来。

得是智慧的蓝色，

得像姑娘轻盈地走过新湿的泥土。

太多，并不妙，

太多，并不能

令人和它一同欢笑。

太多，可能会

致你……

（作者学校：上海市徐汇区求知小学）

本文为2018第五届“北大培文杯”初赛参赛文

我是来自江苏省宿迁市的胡佳，现在就读于泗阳育才双语学校。我从二年级开始接触写作。当时，是读杨红樱姐姐的书，觉得特别有趣，觉得自己也能写出来，便对写作有了兴趣。正是基于当时的兴趣，一路上经过各位优秀老师的指点，我的写作水平才有所提高。在我眼中，文学是一种艺术——一种前途无量的艺术。文学种类增多，体现了现代文学的进步。我认为，文学还是创造性的，与我们的生活联系密切。从广告语到电影台词，从书本到评论，都是在玩“文字游戏”。文学还是文化，体现一个人的素质和修养。尽管文化是很庞大的事物，但有决心，一定做得好。

榴花殷红

胡 佳

五月拉开了火红的序幕
娇羞榴花宛若花季少女
石榴红的裙摆羡煞旁人
着实撩心摄魂 让人想入非非
掩脸羞涩吐媚闪红
给人以火样的热情
朵朵红花点染枝头
绿叶陪衬媚红艳丽
花香弥漫院中
花蕊盈满阳光
即便散落在地
仍面带红光
不怨不恨地笑面阳光

（作者学校：江苏省宿迁市泗阳县育才双语学校）

本文为2018第五届“北大培文杯”复赛第十一场参赛文

林可悦，目前就读于南京师大附中江宁分校小学部五年级，性格活泼开朗，喜爱读书和朗诵。曾在学校的六一儿童节汇演、学校艺术节、学校科技节等大型活动中担任主持人，多次在《扬子晚报》与校刊《蒲公英》上发表文章，曾获得第十四届“德艺双馨”文艺展示江苏赛区金奖、第三届“金书签”全国总决赛金奖。日常偏爱读散文随笔，注重文笔细腻，认为阅读是潜移默化的过程，在阅读中要学会吸取智慧、深入思考，好的阅读可以点亮自己的人生。

望远镜

林可悦

小蝴蝶落在花儿上，
吸着花蕊里像天空一样澄澈的蜜，
像花儿一般绽开了笑。
“妈妈，你快飞来呀，
这朵花儿有世界上最好吃的蜜！”
蝴蝶妈妈笑了，
递给她一副望远镜：
“你戴上它，往远处看看。”
小蝴蝶看到了无垠的花田。
那里的花儿朵朵都娇艳。

孩子专注地盯着书看，
情节犹如流水一样婉转，
脸上紧张的表情如同离弦的箭。
“妈妈，你快来看呀，
这本书在全世界里最好看！”
孩子妈妈笑了，
递给他一副望远镜：
“你戴上它，往四周看看。”

孩子看到了浩瀚的书海，
那里的书本本都那么好看。

谁想看清尘世，
就应当同它保持必要的距离。
拿起“望远镜”，
就能找到属于自己心中的书海、花田。

（作者学校：南京师范大学附属中学江宁分校小学部）

本文为2018第五届“北大培文杯”复赛第十八场参赛文

我叫艾君昊，现在就读于南京师大附中江宁分校小学部四年级。我是一个快乐、积极的男孩。我喜欢运动、音乐和写作。我喜欢的运动有篮球、足球和羽毛球。我喜欢弹钢琴、吹萨克斯和唱歌，现在为校合唱团成员。我特别喜欢写诗，写诗能让我的思绪在诗歌的海洋中自由飘荡。诗歌能让我忘掉烦恼，变得开心和快乐。

纸之梦

艾君昊

我是一张轻轻的纸，
我也是一张爱做梦的纸。

我梦见自己是一只小船在水中漂荡，
我梦见自己是一架飞机在天空翱翔，
我梦见自己是一辆汽车在马路上奔驰，
突然，一辆卡车呼啸而过，
美丽的梦境洒落一地。

慢慢地，重进梦乡，
我梦见自己穿梭到恐龙时代，给小恐龙们穿上盔甲，
让它们不要被吃掉。
我梦见自己穿梭到远古时代，给人们发放枪械，
让他们打猎不再困难。
我梦见自己穿梭到未来战乱，给人们分发和平书，
让他们和平相处。

美丽的梦，飘啊飘！
我最后梦见自己回到了美丽的大森林，

那遥远的家乡！
就这样吧，别醒来，
让我永远留在这美丽的地方！

（作者学校：南京师范大学附属中学江宁分校小学部）

本文为2018第五届“北大培文杯”初赛参赛文

我是来自广东的周汉唐。我有许多兴趣爱好。我是模拟联合国社团的成员。我也喜欢英语辩论，曾在 NSDA（全国演讲与辩论协会）广州赛区新手组获得冠军。

我认为，文学是一种精神的养护品。它帮助我们记录下人生的点滴，它让我们抒发内心的真实情感。而当人们开始创作文学作品时，文学就会在世上流传千百年。

那我们如何欣赏文学，发现生活中的文学之美呢？文学，需要凝视。正如曹文轩所说：未经凝视的世界是毫无意义的。把自己的脚步放慢一点，多看看身边的花草树木，你就会惊奇地发现，原来美时刻都在身边，文学也总在身旁。

当风轻轻拂向海……

周汉唐

他，有笔画不出；
他，有口述不清。
轻轻攒起滩上的白沙；
打了个卷，落回地上。

你，有笔画不全；
你，一眼望不尽。
轻声呼唤深海未归的小船
轻柔地将它，扶进港湾。

风，喜爱在正午
卷起一把把细沙
抛向空中，
像阳光下的晨雾
尽情挥洒
直至消逝的一刹那。

岸上，华灯初上。
海累了，慢慢把身体向上挪，

风吹起的不再是细沙，
而是海水中
夏日的白雾。

当风轻轻地拂向海，
当海慢慢地怀抱风，
浪尖，一串串晶莹的水珠
成了风与海间的桥梁。

风吐出了一丝丝清凉，发话了：
海，你为什么要在傍晚
把沙滩淹没呢？
海把一阵浪潮拍在海面上，答道：
明天早上，日出之前
我就落下。

第二天，当清晨的第一缕阳光
洒在波光粼粼的海面上，
风惊奇地透过浪
发现昨天傍晚
被水淹没处
又露出了潮湿的白沙。

于是，风继续高歌
海继续欢唱。
风卷起一把把细沙

兴奋地一吹

天女散花……

（作者学校：广东省广州市越秀区东风东路小学）

本文为2018第五届“北大培文杯”决赛参赛文

题榴花

周汉唐

寂静中的小径，
窄而悠长；
静谧中的榴树，
不张不扬。

它静静地站在小径一旁，
等着风；
待第一缕清凉拂遍全身，
露珠消融。

清凉的夏风，吹绿了满树的叶子，
温暖的初阳，照红了一树的榴花；
乍一看，满树殷红。

无数个春秋，
无数个夏冬；
无数缕清风，
明亮的天穹。

上百年的洗礼，
树根流淌着岁月；
满树的榴花，
依旧，殷红……

（作者学校：广东省广州市越秀区东风东路小学）

本文为2018第五届“北大培文杯”复赛第十一场参赛文

我是史佳睿，就读于上海市民办阳浦小学。我喜欢读书。家里有两个书房，一个是真正的书房，另一个则是客厅，因为客厅也堆满了书，方便我随时翻阅。读书，让我的生活充满乐趣。读书，也让我偶有所感，写写所梦所想。读书，让我有时做做侠女梦，有时还想做做像“诸葛亮”“陆游”一样儒雅的古代文人。正如古人说的“读万卷书，行万里路”，假期我也喜欢游山玩水，开阔眼界。

至于写作嘛，我觉得应该朴素一点，不要太花哨。我希望自己能写出更多、更好的文章。

古　琴

史佳睿

悠扬的琴声含着一股忧伤，
曲子在林间飘荡。
我追寻着琴声跑去，
只见一个背影消失在树丛间。
那个背影是谁？
他弹着什么曲子？
不过，
今人谁能知道呢？
我抚摸琴弦，
七根弦已经完全冰凉——
刹那间，
耳边掠过寒冷的风——
不知为何，还流淌着松树的清香。
如那曲子一样，
我爱这曲，
它化成水在我心底流淌。
不过，
今人又有几个能弹？
——想听也听不到了。

——心中的伤。

（作者学校：上海市民办阳浦小学）

本文为2018第五届“北大培文杯”复赛第四场参赛文

起风以前

史佳睿

夏天，是一个大烤炉，
需要风来吹出凉爽。
可风还是不来。
起风吧，起风吧！
不要回到起风以前。

起风以前，狗伸着舌头
——也没有一丝风前来光顾。
连喜欢在外跑步的人，
也躲进了健身房。
小女孩甩了甩头发——
“啊呀，太热了，
弄得我头发上全是汗。”
小弟弟尝了尝手中的冰棍，
一转身，它就化了。

天上的白云慢悠悠地跑着，
“这么热，要保护水分，
风不来，我也没有动力。”

连小河也不高兴地流着，
“我连水花也没有，难看。”

小草的草尖由绿变黄
——我都快蒸发了。
树叶也没有一丝动静。
蝉不高兴地鸣叫着：
“太热了，太热了！”
蝴蝶也懒得飞——
泡在舒适的花蜜里，
“太热了，我‘不干了’！”

蚊子，苍蝇，可真会享受
——天天来蹭空调。
不过为此丢失了性命，
真可惜，
呵呵。

这就是起风以前，
忽然，
起风了。

（作者学校：上海市民办阳浦小学）

本文为2018第五届“北大培文杯”决赛参赛文

我是周逸，一个11岁的阳光男孩，现就读于成都市温江区庆丰街小学六年级。我喜欢豪爽地大笑，同学们都说我笑点极低；我也喜欢独立地思考，尤其对科学痴迷，《三体》是我最喜欢读的书，我对未来充满好奇与探索；同时，我也喜欢传统文化，学习国学、国画、书法六年了，国画作品获得过成都市艺术人才一等奖。大量的阅读为我打开了新的世界，也让我不惧写作。我觉得文学并不是什么花哨、华丽语言的堆砌，而是通过生动真切的感受来表达自己的情感，这才是文学真正的意义。我还喜欢看纪录片和动画片，特别喜欢《降世神通》。我还有一个梦想，希望世界越来越干净。我每天都会身体力行捡起身边的垃圾，诚心邀请更多的人一起来守护我们的环境。

蝶

周　逸

你轻轻地低吟
枯叶便被你卷起
任你
肆意地戏耍
随你而动
在你的天堂
你傲慢地歌颂着
你的力量
你放声歌唱
掀起一层巨浪
我便是那朵轻柔的彩花
在你的召唤中调整姿态
在你的歌声中用力舞动
我用灵魂与你相伴相携
却从不
屈服你戏谑的
魔掌
我有我的韵律
我有我的航向

怎能顺应
你的淘气与任性
你是风
我是蝶
你有你的随心所欲
我有我的坚定不移

（作者学校：四川省成都市温江区庆丰街小学）

本文为2018第五届“北大培文杯”复赛第十三场参赛文

我叫王桓江，是兰州碧桂园学校六年级的学生。在闲暇时间里我喜欢干两件事，一是画画，二是写作。这两者虽有所不同，但都可以轻松地表现出我当时的心情、所念、所想。

提起笔，无论是画笔还是钢笔，随后的一笔一画完全跟随自己的思想任意驰骋，将心中的灵感或感受以多种形式记在纸上。

文学吗？它们时而优美，时而轻松，可有时也很深沉。但我认为，真正的佳作，一定是将自己的所念加入无尽想象后，跃然纸上的。

社团嘛，猜猜就知道，当然是美术了。

王桓江/画

一朵盛放的荆棘花

王桓江

青山拥抱着沃土，
烟雨轻笼着万物，
南方清风和煦温暖，
北方却是层雪压枯木。
远方的高山阻断了严寒，
留给南方的
只有一成不变的绿意盎然。
一粒种子从枝头落下，
它不愿躺入温暖的摇篮。
世界之广阔，
不应局限于这绿色的牢笼，
只愿追随心中的炽热。

朋友的不解与嘲笑，
家人的担忧与劝阻，
不听、不顾、不理会！
只因心中的信念和向往。
返航的大雁啊！
请您，带我去远方吧！

掠过大河，飞越高山，
温暖渐渐成了回忆里的温柔乡。
和风的面目变得狰狞凶悍，
飞沙走石让黄色的土地荒芜悲凉，
如裸露的肌骨
血肉模糊……
大雁长鸣，
将这颗种子丢在荒芜的黄土坡上，
丢在了北方没有春意的春天。

寒冷环抱它，
却并不能冷却它心中冒险的热火。
融化的冰雪，
是它唯一的营养来源。
纵使土地如此贫瘠，
早已不见希望，
纵使没有春意的春天，
放眼只剩荒凉，
也要怀着信念在这里扎根生长。

相信地下，
一定有一条温暖的河流，
可以滋润心田，
拨开沙砾，
绕开岩石，
只有不屈，

才是活下去的力量！
清晨的阳光洒满大地，
惹眼的小花傲然挺立，
顶着烈日，
挨过雪霜，
不屈地绽放。
人们惊呼：
“多么坚韧的小花！”
这是南方的花朵不曾听过的赞扬。

（作者学校：甘肃省兰州市碧桂园学校）

本文为2018第五届“北大培文杯”复赛第六场参赛文

第二辑 纸片人的逆袭

本辑所收的童话作品，情节生动，形象可亲，想象丰富，在故事中寄托着真实的情感，且不乏种种智慧、哲思。

这些作品，无不体现了小作者们丰富的想象力，带我们进入一个个奇幻而有趣的童话世界。如洪诗淇的《重逢》，围绕着“纸”的前世今生组织故事，讲述了可爱的灵竹与红水晶的深厚友谊。王佳仪的《纸猫》写的是，喜欢折纸的爱沫尔进入了一个没有压力、无比美好的纸世界。胡浩然的《风与蝴蝶》写了一次令人会心一笑的“换工作”……

童话作品之所以感人，除了语言简洁活泼、表现手法多样之外，重要的一点还在于，童话虽然是幻想之作，但想象植根于现实生活，故事夸张而不至于荒诞，拟人化的事物符合相关特征。我们看到，本辑所收作品，无论主人公是玩具人、猫、松鼠、风、大海，还是其他东西，均能让人察觉到小作者们对日常生活的观察之细致程度，由此，童话人物栩栩如生，具备鲜活的生命力。

在这些小作者的笔下，童话故事并非漫无边际的幻想，而是生动的故事情节与丰富的哲理感悟有机地结合在一起，从而让故事不至于轻飘和苍白。如杨雨藤在《纸片人的逆袭》中，生动地描述了四个玩具人被小主人抛弃后自救的故事，从中认真思考了软弱与强大的辩证关系、团结友爱的意义等。在陈姝颐的笔下，雨过天晴，断了腿的蝴蝶依然翩翩起舞，赞扬了可贵的智慧与毅力。在肖岳洋的《我有我的路》中，精灵王国的王子小皮放弃独孤峰上象征着权力的玉莲花，毅然飞向失火的牧场。洪诗淇的《两个朋友》和刘皖博的《海风》有着异曲同工之妙，均写出了风的任性、海的沉稳，最终风得以悔改，而迎来了全新的生活。在王梓玥的《小猫逆儿》中，逆儿不甘于千篇一律的安逸生活，毅然闯荡“外面的世界”。《我与劳拉》中，小松鼠“我”拒绝劳拉把自己放进精致的木笼子里那种充满束缚的爱。徐子棋的《风与海的对话》，以对话结构统筹全篇，点出“无论是海、风还是人，都不必太在意别人如何，活出自己的精彩便足矣”。田雨鑫的《风和海》虽则篇幅短小，但成功地描写了一个自由不羁又不失温情的“风”。凡是种种，借助童话寄寓个人真情、真思，别具一番风采。

杨雨藤，现就读于广州市华南师范大学附属小学五年级。性格活泼，但只要一遇到自己喜爱的书，就会全神贯注地沉浸于阅读，一动不动。阅读兴趣从小时候的恐龙、汽车发展到百科、军事、历史、人物传记……也喜欢创作自己的故事，有时候是画出来，有时候是写下来，希望有一天能把自己创作的故事发表或拍成电影。作文曾发表在《广东第二课堂》《现代中小学生报》和《名校作文》(第22和23辑)，也曾获得过广东省中小学“暑假读一本好书”活动二等奖(2017年)、全国青少年冰心文学大赛预赛一等奖(2018年)……

纸片人的逆袭

杨雨藤

明明家有四个小兵人：纸片人、木头人、乐高人和小铜人。有的是小主人明明买的，有的是他在别处捡来的，有的是他自己动手做的。明明每天都玩小兵人的打仗游戏，把他们分成交战双方，有时候还会在他们的身上粘上各种武器。他经常一个人跟这些小兵人叨叨咕咕，玩得不亦乐乎。

一天晚上，明明又是玩到了很晚。两队小兵人大战了三百回合，乐高人和木头人一队赢了。这是他们第 108 次胜利。明明心满意足地把小兵人们放回到一个盒子里，就上床睡觉了。时针刚刚指向 12 点，突然一道闪电，小兵人们神奇地被激活，开始能说会道、能走能跑了。木头人和乐高人立刻嘲笑起他们的对手："你们两个真是不堪一击，每次都被我们揍得落荒而逃。"

小铜人很恼火："这有什么办法，我被明明分组跟这个笨蛋一队。本来我是最厉害的，我铜臂铁掌啊！"

木头人和乐高人转而同情地说："可不是，纸片人那么弱，谁跟他一队谁倒霉。"

纸片人在一旁很委屈，争辩道："你俩也比小铜人弱啊！"

木头人说："我有保护色啊，而且我可以在水里漂浮，当小船呢！"

乐高人说："我浑身关节都可以拆卸，我可以变形呢！你有什么优点啊？”

大家一起哄堂大笑：“哈哈哈，就是！一戳一个窟窿，一碰到水就烂掉，碰到火就成灰儿了！”小铜人凶巴巴地指着纸片人：“你就是一张破纸，根本不配做小兵人，赶紧给我滚开，不许再跟我一个队！”纸片人被吓哭了，哆哆嗦嗦地飘到盒子角落，紧紧地贴着盒子壁，不敢看大家。他孤独又悲伤，希望赶紧到天亮，明明能再来玩打仗游戏，那时他一定要表现得特别勇敢，让伙伴们刮目相看。

可是，过了好久好久，明明都没来。

起初，其他三个小兵人还有心情继续嘲笑纸片人；后来，他们仨也蔫儿了，觉得明明可能再也不会打开这个盒子了。结果，突然有一天，一阵急促的脚步声越来越近……小兵人们感到盒子被一只手拎起来，然后听见外面明明说：“我现在都在手机上打‘王者’，谁还那么幼稚跟这些小兵人过家家假打仗！我要把这些没用的玩具都扔了，把我的房间收拾出来，这样就可以让班上的男生都来这里一起打‘王者’了。”“咣当”一声，盒子就被扔出了家门，撞到了垃圾桶的铁盖子上。四个小兵人在盒子里仿佛经历了大地震，被震得头晕眼花。等他们觉得稍稍安稳时，他们就突然明白了自己的命运。

“啊！我们被抛弃了！”

“明明不要我们了！”

“这下完了，我们要被送去垃圾场碾成粉末了！”

木头人、乐高人和小铜人一会儿号啕大哭，一会儿使劲砸盒子喊救命，一会儿抱怨小主人……纸片人却一声不吭，一直贴在盒子壁上，好像不干胶一样。另外三个小兵人很生气：“喂，你怎么一点反应都没有？你不会傻到还不知道发生了什么吧！”

纸片人小声地嘟哝着："喊也没有用啊，谁会听到呢？还不如省省力气想想能不能逃出去。"

"逃出去又怎样啊！我们被扫地出门了，我们无家可归了！"木头人说完又崩溃了。

"没有主人也不是坏事啊，咱们不就自由了吗？可以去找愿意跟咱们玩儿的小朋友啊，比如那些穷得连一个玩具都没有的孩子，他们看到我们肯定会开心的。"纸片人很有信心地说。

"你说的好像有点道理，但问题是我们出不去啊！"小铜人也不高傲了，耷拉着脑袋。

"我发现盒盖这里有条缝儿，我这么薄，应该可以钻出去。我出去之后再想办法把盒盖弄开，把你们救出来。"纸片人说完，就往盒盖和盒身连接处的折页缝那里钻，很轻松地就钻出去了。然后，他把自己团成一个小团，使劲挤在缝儿那里，想把缝儿撑大。这时，小铜人说："靠你一个人不行，你在缝儿这使劲儿撑，我们三个一起往上蹦，咱们把它顶开。"大家齐心协力，折腾了很久，终于听到"咔嗒"一声，盒盖被顶开了。四个筋疲力尽的小兵人来不及休息，就一起逃了出去。

自由了的小兵人们按照纸片人说的，去寻找需要他们的孩子。

纸片人还是那么单薄，却走在最前面，另外三个小兵人都信服他，愿意让他做领队。他们终于明白了，看上去软弱的东西也有强大的地方，而且内心强大才是真的强大。

（作者学校：华南师范大学附属小学）

本文为 2018 第五届"北大培文杯"初赛参赛文

我叫徐硕鸿，是安徽师范大学附属小学的一名学生。我热爱音乐，自5岁开始每天练习钢琴，如今已经通过钢琴八级的考核。我喜爱舞蹈、京剧、国画（六级）、软笔书法、硬笔书法（十级），在学校参加过儿童画、电钢、京剧社团。

我是一个文学少年，热爱写作，热爱文学。文学于我而言，是一部让人受益终身的经典，不仅能使我游历在历史的长河中，更能够让我走向世界，感受不同心灵的跃动、情感的表达。现在每天都积累一点，让我在文学的道路上走得更远。

徐硕鸿/画

我与劳拉

徐硕鸿

一觉醒来，我打了个哈欠，睡眼惺松，舒展手臂，伸了个大大的懒腰……树洞里真温暖！“早餐铃”咕噜咕噜地响了几声。放下盖在身上的大尾巴，我摸了摸毛茸茸的肚子——它还在不停地颤动着。四下里望了望，只看到角落里那仅剩的几颗栗子——最多也就够吃一天。在大雪封山之前，我必须采取行动。哦！对了，忘了告诉你们，我——是一只松鼠。

连降几日的大雪已经把一切都变成了白色，大地白茫茫一片，树林里大大小小的树杈都穿上白色的新衣裳。风刮过树梢，扬起雪尘，惹得树下迎面出来觅食的兔子打了个响亮的喷嚏。

大雪初霁，林子里活跃了起来。我跳上离我最近的那根树枝，顺势而下，来到地上……不禁冷得一激灵。我抖了抖身上蓬松的毛，翘起了蓬松的大尾巴，连蹦带跳地跑到了我经常摘松果的那棵松树下，三步两步爬上树，却发现一颗松果也没有了。我沮丧地跳下来，正准备回家，却看见一个穿着红色大衣、金色卷发、蓝眼睛的小姑娘。她盯着我看，手里捧着一把烤熟的栗子，在这样的冬日，如劈柴火炉般温暖。她手上的那一捧棕色的、还泛着油光的栗子散发着诱人的香气，看得我直咽口水。我的手被一股巨大的力量拉着伸了出去，但是又很快缩了回来。我往后退了几步，警觉地看着她，心中忐忑不安。

她像是看穿了我的心思，友好地对我说："可爱的小松鼠，快过来吧，这些栗子都给你。"她笑得那么纯洁，像个天使，使我放松了警惕。我试着跳近了点儿。她蹲下身来，给我扔了个栗子。我捡起那颗栗子跳到一边，飞快地塞进嘴里，那股香甜的味道顺着喉咙直沁肺腑。我试着靠近她，她说："我叫劳拉，我家的农场就在那边。父母虽然很爱我，却没有时间陪我，我们做个朋友吧？我会在这棵树下等着你来，跟你一起玩，你愿意吗？"我一边嚼着栗子、一边点头，算是答应了。吃完，我和劳拉在雪地上追逐、滚雪球、滑雪橇。太累了，我们就坐下来休息，不一会儿，我就甜甜地睡着了……

我一觉醒来：屋内温暖如春。壁炉上方的画框里，圣母玛利亚笑得那么安详。壁炉里偶尔发出"哔哔剥剥"的声响，那旺盛的火苗不时地向上蹿着。我正准备朝壁炉走去，却突然发现自己在一个精致的木笼子里！劳拉见我醒来，对我说："对不起！我看你睡着了，只能把你带回来。我不想把你放在笼子里，可是妈妈说只能这样。我非常爱你，我一定会好好照顾你的。怎么样，你的新家还不错吧？""Oh! My god! What are you doing now?!"我一着急，简直语无伦次了，"劳拉，你不能这么对我，放我回去！"我疯狂地踢着笼子。劳拉见我这样，生气地走了。

我使劲地揪着自己那条蓬松的大尾巴……为什么我要相信她？为什么我要和她一起玩？为什么当时我会放松警惕？也许，她就是想把我捉回家，才给我那捧栗子的。我该怎么办？不自由，毋宁死！接下来的几天里，我决定绝食抗议。劳拉见我饿得奄奄一息，连眼皮都抬不动了，就又换了满满一盆新剥好的栗子。我连看都没有看一眼，转过头去不理她。

"我以为，我那么爱你，你就会喜欢这里。"劳拉悲伤地望着我。

“可是，我不属于这里，我的家在大自然里。放我走吧，我会感激你的，我们还是好朋友。”我可怜兮兮地看着劳拉。

劳拉打开木笼子的门，把我抱出来放在地上，再端上食盆，抚着我的背说：“吃吧，吃完我就送你回家。”

我大口大口地嚼着栗子，不知为什么，眼泪却大滴大滴地砸在食盆里的栗子上，这带着咸味的栗子吃起来却不复往日的香甜，显得有些酸涩。

劳拉带着我出了门，来到我们初次见面的那棵树下，我们依然疯跑、滑雪橇。已而，夕阳近山，树影散乱。我向后退了退，跟劳拉挥了挥手。我看见：劳拉的眼中噙满泪水，她捂住嘴，向我挥手。我三步一回头地向着家的方向跑去……

（作者学校：安徽师范大学附属小学）

本文为2018第五届“北大培文杯”初赛参赛文

我是洪诗淇，来自北京石油学院附属小学。

我爱好阅读和写作。我在第十五届、第十六届全国青少年“春蕾杯”征文比赛中获得二、三等奖，在海淀区暑假中小学网络心理征文活动中获得一等奖；我参加过学校的戏剧社，能独立撰写戏剧剧本。我喜欢画画，尤其是画动漫人物，我参加了学校美术兴趣小组。我还爱好表演，参加了学校“安徒生童话点亮爱心”童话剧表演、“巨人杯”中文之声大赛等活动。

文学让我心神宁静，让我享受到读书的快乐，更让我通过文字观察到美妙的世界。

重　逢

洪诗淇

她是一枝上好的灵竹，生活在一片大森林里。她最好的朋友是一块大红水晶。

早在她还是种子的时候，水晶就在地底下生活了几百年。水晶就像是灵竹的母亲一样，从灵竹记事起，每天晚上都会给她唱那首天底下最最好听的歌曲——《摇篮曲》。水晶的知识非常渊博，她有大把大把的故事，每当灵竹伤心的时候她都会讲这些故事。灵竹呢，也格外喜欢水晶的那个唯独她是红色的故事。水晶教给灵竹很多知识。比如：一条竹叶青绕到了灵竹的身上，她害怕极了，哭着问水晶怎么办？水晶不慌不忙地告诉她，使劲摇摇叶子，摇得响一点，这样蛇就会被吓走，并且告诉她："其实，最可怕的不是蛇。你知道是什么吗？"

"不知道。"

"是人类！"

她很疑惑水晶为什么这么说，直到那天……

森林里来了三个猎人，他们走到灵竹眼前，把她砍倒。灵竹看着这群"怪物"，忽然想到了几天前水晶说过的那句话，这应该就是她口中所说的"人类"吧？想到这儿，她不由地浑身瑟瑟发抖！猎人们把她搬到了一个工厂，放在角落的地上。头上的锤子遮住了她的视线，她感觉到身上的皮被一层层削开……经过生石灰池的浸沤、清水的漂洗，她被放入大锅，锅底青绿色的火苗似乎要将她融化。她闭上眼睛，仿佛水晶就在身边慈祥地讲故事；只是感到自己越来越轻，轻了，更轻了，像一只飞鸟飞在空中，又滚烫了起来……冷却后的她又被装入陶缸发酵，被放在石臼中捶捣、打浆、漂白、过滤、抄纸、烘焙……她，彻底晕倒了。

三四个月后，她醒来了。她被攥在一个人的手心里，身上被写上了一串奇怪的字。还没等她反应过来，她就被锁在一个木匣里，无尽的黑暗包裹着她。

她缩成一团，安慰自己：明天就可以出去找水晶了，到那时，我们就可以一起过从前的生活。可是，她一直没有机会出去。她越来越绝望了：我也许、可能永远要在这个木匣里度过余生了。她绝望地想，全身发抖，喘气也变得局促起来。她的脸颊上滚过什么东西，在她最敏感的地方留下了一条冰凉的痕迹，接着两条、三条……她浑身湿透了，这让她很不舒服，但她不管，她昼夜不停地哭着、哭着。几天后，她不哭了、不动了，静静地躺在木匣里。她觉得自己少了什么重要的东西。

她的心死了。

几十年、几百年……过了很久很久，她身上的字已模糊不清。一天，她终于见到了阳光——有人把她小心翼翼地放在一个水晶盒里。她疲倦地睁开眼睛，看到了一片醒目的红色。

她的心开始兴奋起来，激动地问："你……是红水晶吗？"四周响起了一个熟悉的声音："呵呵，对呀，我们可以永远在一起了。"她的身体内有什么东西忽然热了起来，使她格外地温暖和满足。

她觉得自己又活了。

（作者学校：北京石油学院附属小学）

本文为2018第五届"北大培文杯"初赛参赛文

洪诗淇/画

两个朋友

洪诗淇

在一个海岛上，生活着海。

每年的七八月份正是这里最热闹的时候，海从人们口中得知，原来是他们放“暑假”了——虽然她并不知道“暑假”是什么意思。人们总是在水里面游，像鱼一样，海静静地看着。有些人会懒洋洋地在沙滩上躺着，戴着炫酷的太阳镜，喝着凉爽的冰饮。海在这个时候总是很开心，因为有一大堆人陪伴着她，有说有笑。“太开心了！”人们总是这么说。海想：这应该是他们在给我庆祝生日吧。

不过，只要过了 8 月，人们来的次数就会越来越少，海就只能眼巴巴地等着下一个“暑假”的到来。

在今年的 4 月份，风来了。他是一个英俊的热血青年。海的第一个念头是：和他交朋友！海小心翼翼地试探：“我可以——和你——交朋友吗？”她的心有些慌乱，因为这可是她第一次和别人说话呢！风听到后，觉得这是一个不错的提议——而且他也没有朋友——所以便说“好哇！”爽快地同意了。

这是两个朋友的开始，他们在短短几天内就变成了好朋友。“如果风是女的，她就是我的闺密啦！”海想。可是她知道，自己不能这么称呼风——风可是男孩子哟，索性就把他当成“男闺密”吧！如果此时来一个可以看得见他们的人，一定会认为他们是命中注定的好朋友。多情的海和爽快的风，真是一对绝妙的组合……

到了7月，岛上陆陆续续地来了一些人。风疑惑不解地问：“这些小东西是什么呀？”海开心地回答道：“他们都是我的朋友，叫作‘人’，他们一来，我就不会孤单了。”风见海如此开心，不想扫她的兴，于是向她提出一个大胆的想法：“海，你看，他们现在多热呀，如果此时我用我的风卷起你的水，让海水泼在他们身上，让他们凉个痛快！你觉得这个主意好不好呢？”海认为风说得很有道理——这个方法可以帮助她的人类朋友，便欣喜地同意了。

这下好了，风卷起大浪，像要把人都吃了一样，一层一层地拍打着那些可怜的小身躯。突然，一块巨石从悬崖上滑落下来，砸在海面上，把风吓了一跳！他此时也发现自己有点过于激动，赶紧停了下来。几分钟后，海也觉察到海面太平静了，于是她从深海探出脑袋，游到岸边。她看到了呆滞的风和空旷的沙滩，突然感到一丝丝害怕：“人都去哪里了？”风有些犹豫地回答：“他们……应该是玩累了，去睡觉了？”

海从未遇到过这种情况，一时不知所措。她不能立刻否认风的想法，就问风：“你说的是真的吗？他们真的没事了？明天能回来吗？”此时，海把风当成自己的救命稻草，渴望从他的口中得到肯定的答案。风原本不是很肯定自己的想法，一听到海的问话就更慌了。但作为男孩，风还是故作镇定，安抚着海说：“一定的！一定的！明天肯定都会回来！”可是，当海潜入深海时，她发现了几个人。她急忙跃出海面，托举着那些已经没有生命迹象的人，问风：“他们怎么了？”风茫然地看着她，含含糊糊地说：“就是……睡着了。”海忐忑不安地潜入水底。

过了一天，人没有醒，海有些急躁。第二天，人还是没有醒，海有些伤心。第三天，仍然如此……渐渐地，海变得绝望了，她带着哭腔对着那些冰冷的躯体说："求求你们，醒醒吧！给我一个笑脸，好吗？"此时的风明白了，他闯祸了！于是，他主动来到海的身边，对她坦承："对不起……那些人……可能……永远……睡着了。"海哭了，一颗颗冰冷的泪珠落进了寂静的海面，与深海融为一体。

从这之后，风走了，消失了。海怎么也找不到他。海又回到了之前的模样，过着从前的生活。日复一日，年复一年。突然有一天，一个熟悉的身影闯入了海岛，在海的面前做了一个鬼脸。海笑了，那是风。风说："那天，我不辞而别，我是去了很远的地方，我试着去了解人类。从前的我真的是太鲁莽了，我用力过大，使美丽的大海掀起海啸。如果我当时只是用力小一点点，化成一阵阵微风，就不会……"说完，风又补充问："你……现在……可以……原谅我了吗？"海微微一笑："那天之后，我也想了很多，之前的我也不够成熟。我已经原谅你了。"

从此之后，这座岛变成了举世闻名的海岛，因为那儿有两个团结大度的好朋友——风与海。

（作者学校：北京石油学院附属小学）

本文为2018第五届"北大培文杯"决赛参赛文

我是北京市丰台区第一小学丰益分校的陈姝颐。在学校，我担任大队长、学习委员。我对文学尤其感兴趣，酷爱写作，一直希望自己将来能从事文学创作的工作，现在的我在坚持不懈地写小说、诗歌和散文呢。除写作外，练习了8年钢琴的我也喜欢音乐、舞蹈和绘画，这些爱好也丰富了我的生活，增加了我创作的灵感！希望能有更多人看到我的作品，喜欢我的作品！

智慧与毅力

陈姝颐

天空乌云密布，蛙鸣声渐渐大了起来。不远处，一道闪电飞过，照亮了森林里的一切，也照亮了林中四散逃窜的动物、昆虫——本能告诉它们：要下雨了。

一阵狂风袭过，吹落了不少正在寻找避难所的飞翔的小生命。风把它们摔在布满泥浆的土地上，让它们一点一点陷下去。而蝴蝶，也在这些不幸受难的生命中。

蝴蝶被狂风摔在地上，陷入了绝境。它死命挣扎，但无济于事，只是越陷越深……泥浆没过了它的身躯。蝴蝶就快要绝望了，它拼命呼喊伙伴，可是，伙伴们只是充满怜悯地看了它一眼，就飞走了。是啊，自身的利益与他人的利益相比，谁会放弃自己的利益呢？蝴蝶冷笑着想。又一道闪电，照亮了它布满泥浆的脸，这反而让它清醒了过来。“是的，我必须逃离这里，我也有办法逃离这里。”蝴蝶告诉自己。风，不那样想，它在嘲笑，在嘲笑蝴蝶的愚蠢。狂风一遍遍吹打着蝴蝶的五彩的、沾上了泥浆的翅膀，这反而让蝴蝶心中萌生了一个疑问：为什么我的翅膀那么重，却没有陷下去？

雷，终于打了下来——“轰隆”一声，吓得不少动物的心脏漏跳了一拍。雨，下了起来。狂风大笑着：下雨了，你没法出来了！蝴蝶的心，也沉了一下，但是，又跳了起来。“我不会死。”

蝴蝶一遍遍默念。它停止了挣扎，四下打量着：只见一块塑料布飘到了它的不远处。等等，那块塑料布为什么没有陷下去？我以前被一个和这块布差不多大的塑料布捏成的球砸中过，那球可重了，比我还重，一定会陷下去。可为什么把它展开，就陷不下去了？蝴蝶思索着。狂风看到蝴蝶那严肃的表情，不禁收敛了笑容，问蝴蝶在想什么，可蝴蝶不理它。

雨越下越大，森林里一片寂静，只剩下雨滴打在树木那碧绿的枝叶上的“噼啪”声。

蝴蝶突然发现了奥秘：原来，塑料布和自己的翅膀的重量没有改变，只是因为接触泥浆的面积变大了，分散了重量，所以才没有陷下去。于是，它看了看自己，展开了身子，一点一点向泥潭外爬去。

蝴蝶的每一步都沉着、镇定。它努力把身体的重量分散到每一只脚、每一寸皮肤上。但是，在逃离泥潭的过程中，蝴蝶的一条腿深深地陷在了泥里，为了不耽误逃生的时间，它只好忍痛拔掉了它的腿。整个过程中，它一滴眼泪也没有掉。终于，它爬出了泥潭，脱离了险境。

第二天，阳光普照大地。在花丛中，一只少了条腿的蝴蝶在翩翩起舞。

（作者学校：北京市丰台区第一小学丰益分校）

本文为2018第五届“北大培文杯”复赛第十三场参赛文

我是来自北京市海淀区万泉小学的肖岳洋。我擅长吹笙，已获得中国音乐学院社会艺术水平考级笙十级证书，曾担任我校金帆民乐团笙首席。我性格开朗，乐于助人，有很强的求知欲，是一个勇敢、幽默、学习刻苦的男孩。我喜欢交朋友，从朋友身上可以学到很多做人做事的优秀品质，生活学习中的精彩我们也可以共同分享。我喜欢跳街舞，因为在跳舞的过程中我可以尽情抒发自己的情感，也可以创造属于自己的风格。我喜欢读书，每天都会积累一些美好的语句，这让我在文学的道路上走得更远。

我有我的路

肖岳洋

“吃得苦中苦，方为人上人！”

“你们一定会为精灵王国采来独孤峰上的那朵玉莲花！”

我是小皮，精灵王国五个王子中最小的一个。好像从我记事起，这两句话就一直在我和哥哥们的耳边回荡。在我很小的时候，父王就请了几位师傅，专门训练我们兄弟几个，希望有一天我们中的一位能采下玉莲花，成为这个国家新一任的君主。从出生起，这似乎就成为我们这一生必须为之奋斗的目标。

为了登上那布满千年积雪的独孤峰，飞行是训练中最难也是最必不可少的一项科目。虽然身为王族的我们身后都有一双透明的翅膀，但它们并不是生来就是强壮有力的，也根本无法带我们直冲蓝天。我们每天需要练习挥动至少五千次翅膀，直到身边一尺厚的落叶都被扇到十米开外的地方；我们每天需要从百米高的城堡顶部跳下，学会利用翅膀与风的协调让我们能够平安落地。但最初练习的时候，我的脸总是跟大地亲密地接触，头肿得像猪头一样。为了保证飞行中的持久力和耐力，我们还要每天搬运五百公斤重量的岩石到十公里以外的皇家牧场。天啊！真是太闷了！我其实真的不理解精灵王国的这一传统到底有多大意义：皇宫中的藏宝屋中放满了历代精灵国王采来的玉莲花，虽然珍贵美丽，但实在没有太大的用处，还不如御厨做的莲花糕更能吸引我呢。

可我仍然愿意学习飞行，不是为了玉莲花，而是为了在学习中享受与朋友及臣民们相处的乐趣。最开始练习挥动翅膀的时候，我因为力量小而总是被师傅惩罚，侍卫们会趁师傅不注意偷偷地把落叶扫到几丈开外。慢慢地，我的力量变大了，我可以帮负责打扫的大叔大婶把皇宫前的大广场打扫得一尘不染。一开始搬运物品的时候，我走不了几步就累得上气不接下气，镇上的居民总会采取各种方式帮我运送物品，连门卫的大黄狗都能帮我驮一小麻袋的石头。渐渐地，我适应了这样强度的训练，我不再只是背岩石到目的地，而是把牧场需要的农具、干粮、种子都帮忙运送过去。而我最喜欢的就是“跳楼游戏”了，那是唯一可以跟我的小伙伴们相处的机会。最开始不熟练的时候，他们在地上铺上好多干草当垫子，就怕我受伤。而当我熟练后，我就可以让他们趴在我的肩上，随着我一起在空中感受风的抚摸，聆听鸟的歌声……

到了比赛的那一天，几个哥哥都很兴奋，望着北面被冰雪覆盖的独孤峰，眼中闪现着必胜的光芒。“小皮王子，不好了！牧场起火了，好多牧民也被困在里面了！”门卫气喘吁吁地边跑边喊。什么？我回头向南方望去，几缕黑烟从地平线升起。大哥拉了我一把：“小皮，现在是关键时刻，先安排其他人，等比赛完了咱们再去救火也不迟！”几个哥哥也在旁边点头应和着。我看了看哥哥和旁边怀着殷切期望的父王的眼睛，又远远地望了望那在冰雪中耸立的独孤峰，觉得好冷好冷。那不是我想去的地方，那里没有我想要的东西。我毅然甩开哥哥，头也不回地向牧场飞去……

我和哥哥们最终没有选择同样的路，北边的那条路可能会让他们得到至高无上的权力和无尽的财富，但那不是我想要的生活方式。我要跟我的臣民们在一起，相互尊重，相互帮助，走一条属于我自己的路。

（作者学校：北京市海淀区万泉小学）

本文为2018第五届“北大培文杯”复赛第十四场参赛文

我是王佳仪，现在就读于北京航空航天大学实验学校。

我平时喜欢绘画、唱歌、跳舞。我三岁开始学芭蕾，希望一直能学下去；二年级时加入校合唱团。我平时最喜欢小动物，很快我就会有一只属于自己的猫了。

我最喜欢英国作家J. K. 罗琳所著的魔幻文学《哈利·波特》系列小说，中文翻译版我看了4遍，电影看了5遍，其中某些经典台词我都能背下来；接下来，我打算看看这一系列英文原版的书。虽然这本书描写的是虚幻世界的事情，但读书的时候我会有种身临其境的感觉。我经常看着看着就把自己当成格兰芬多的学生，与哈利他们一起对战伏地魔。

纸　猫

王佳仪

爱沫尔从小就喜欢折纸。房子、家具、动物、人物，她见到什么折什么。她折的孔雀高贵华丽，她折的小狗机灵可爱，大家都说她是个心灵手巧的孩子。

周末的晚上，爱沫尔折了一只小猫。她刚折好，小猫神奇地动了一下。爱沫尔吓得赶紧闭上眼睛，浑身紧张得一动都不敢动，但她又不相信这是真的，于是慢慢地把眼睛睁开一条小缝……她看到那只小纸猫真的在动！小纸猫努力挣脱了爱沫尔的手，跳到了床上。“这怎么可能？”爱沫尔使劲睁大了眼睛，她想找机会“抓住它”来让爸爸妈妈一同见证一下这神奇的事情。于是，她扑向那只小纸猫，可小纸猫像要和她作对似的，总能从她的手边逃脱……跟着，追着，不知不觉中，小纸猫把她引到了一扇大门前。

爱沫尔从没见过这扇门，也不知道自己怎么就来到了这里。小纸猫不跑了，站在爱沫尔跟前，像是在等她抓自己。爱沫尔弯腰托起了小纸猫，惊奇地发现小纸猫的身上多了三颗凸起的小星星；再一抬头，发现紧闭的大门高处同样有三颗凹下去的小星星，好像可以与小纸猫身上的小星星相吻合。她踮起脚尖，伸长手臂，把小猫身上的星星贴在了门上的凹槽里，门自动敞开了。

神奇的是，爱沫尔发现屋子里的陈设和自己家一模一样！再仔细看看，这些家具都是用纸折的，怎么越看越像在哪儿见过呢？啊，这些都是爱沫尔自己亲手折的呀！

忽然，从天花板上飘落下来许多片晶莹剔透的小雪花，地面结上了一层薄薄的冰。

这时闻到的烤金枪鱼的香气是最诱人不过的了，爱沫尔沿着香气，好奇地走向厨房……一个纸折的太太正在做饭。这身裙子怎么和妈妈的一样？她的背影怎么那么熟悉？爱沫尔正在想着，纸折的太太转过身来，温声细语地对她说："亲爱的，玩回来了？饭刚做好，快过来吃！"爱沫尔迟疑地看着对方，这不是自己折的"妈妈"吗？脸上的"眼睛"还是自己精挑细选的那两枚扣子。

爱沫尔有点害怕，但她看到桌子上已经摆好了自己爱吃的牛排、土豆沙拉、烤金枪鱼、炒羔羊肉，还有一辆小火车把果汁从桌子那头"呜呜"地运过来……这一切太有趣啦！这个纸折的"妈妈"又是那么亲切、和蔼，不像自己的妈妈一样只会不停地唠叨、训斥。爱沫尔大着胆子坐到了桌子前，有音乐飘进了耳朵里，纸人妈妈坐在旁边和她一起吃饭、聊天，一切都很美好。

吃过饭，爱沫尔和纸人妈妈一起读有趣的故事，一起做手工……她觉得这样的生活太有意思了，十分喜欢这里。虽然很晚了，但她实在是不想去睡觉，想再多玩会儿。

已经很晚了，爱沫尔玩得太累了，眼睛不知不觉地合上了。

再睁开眼睛的时候，已经是第二天了。阳光透过薄薄的窗帘，照在脸上，热乎乎的。爱沫尔习惯性地翻了个身，才发现自己不是在昨天的纸屋子里，而是躺在自己的粉色床上。她摸摸四周，屋里的一切也都恢复了原样。妈妈在楼下大声地叫着她的名字，催她赶快下楼吃早饭——要不上学要迟到了。

有一种说不出的感觉在爱沫尔心里涌动，她很想再回去那个纸的世界看看。可这回纸折的小猫似乎不想再带她去那里了，变回了纸猫，一动不动在她手边躺着，身上的三颗星星也不见了。爱沫尔觉得很奇怪，但又很留恋昨晚发生的一切，她明白那是一场梦，也知道梦中的世界是永远也回不去的。

（作者学校：北京航空航天大学实验学校小学部）

本文为 2018 第五届“北大培文杯”初赛参赛文

我是刘皖博，就读于南京师范大学附属中学江宁分校小学部，O型血、狮子座、性格温和、热爱写作是我的标签。我写的魔幻小说在同学中广为传阅；在学校的设计大赛中获得一等奖；喜欢阅读、朗诵和演讲，获得第三届“金书签”全国总决赛银奖；连续两次获得江苏省数学“时代杯”二等奖；平时喜欢跆拳道、象棋和吉他，是一个脑袋里充满了奇思妙想的小小少年。

参加“北大培文杯”决赛和聆听名师们的讲座，让我的世界打开了另一扇窗，也让我对写作的热爱更上一层楼。我喜欢读书，更喜欢“煮”书，书就似我的手足，无论做什么事我都不愿意丢下它们。写作让我的停不下来的幻想变成了散发香气的糖果，吸引着朋友们争相传阅。我觉得，每一个少年脑子里都会有天马行空的时刻，写作就是一望无际的草原，“北大培文杯”帮我们插上了翅膀，让我们自由驰骋！

海 风

刘皖博

那天，风大，只听得强风贯耳，劲风侵袭着每一处角落，浪花一再卷入安宁。哼，像云那样软弱的家伙，早就撇下一切连滚带爬地逃走了吧。然而，只听得一声孤傲的鸣声，一个纯白的物体冲上了昏暗的天空！

哦，那是海鸥！那勇敢顽强的海鸥，那坚强不屈的海鸥，就这样成为风的掌中玩物。

风用它那无形的魔爪，无情地戏耍着无助的海鸥，只听它发出“呼啦呼啦”的怪笑声，硬是把海鸥刮得摇摆不定！海鸥的羽毛开始凌乱不堪，在狂风撕扯中散落，撕心的痛楚席卷着它……它若想往东去，风就推它至南走；它若想往西去，风就揪着它向北飞；它若想冲上蓝天，风就将它按下海波。此时此刻，它像那海中劈浪的小舟，像那山中垦荒的小牛，不畏艰险，奋勇向前。

但风一阵又一阵，海鸥已精疲力竭：它的翅膀已经秃了，血迹斑斑；它嘴吐白沫，生命垂危，摇摆欲坠！它再也不像以前那样敏捷有力、雄心万丈。如今，它只剩下了一具空空的躯壳。风又“呼啦呼啦”地怪笑起来，笑得更大声了。

海鸥的翅膀无力地拍打着，它麻木的嘴无力却又不屈不挠地鸣叫着，可是，无论它作何努力，它都挣脱不出风给它量身定做的绝望牢笼！它冲击着，它嘶叫着……风笑了起来。

突然，一声惊天动地的哀号震撼了风！风惊骇地望着海鸥，不敢相信它作的决定，只见它以前所未有的力量，猛地向大海俯冲过去……只见那被风操弄的大海溅起一大团晶莹的水花！坚强不屈的海鸥，就这样结束了自己高贵的生命。

风平浪静，夜深了，只能隐约看见远处人类城市的灯光，一片昏暗。

风问海："你看见了吗？那愚蠢的海鸥还在你的怀里呢！"说罢，独自狂笑起来。海没有笑，只是静静地看着海底的海鸥。渐渐地，风感到了自己的愚蠢、狂妄自大、嚣张、残暴无礼，它惴惴不安地看了看海，又看了看那鸟儿。

海深沉地说："海鸥们生来就是一个高贵的物种，而它——"海指指它怀中的海鸥："这只鸟儿正是面对艰难险阻不屈不挠的它们中的一个。"

风有些尴尬，它支支吾吾："这个……这个……鸟儿嘛，它们都比较……呃……比较那个。"

海斜眼瞟了风一眼："哪个？"它冷冷的目光像钉子般把风死死地钉在那里。风更加羞愧了："就是……就是……就是那个……"

海叹息道："唉，风啊，你和它无冤无仇，这又是何必呢？唉，风啊风……"

如果风有脸的话，怕是那脸都能烧起来。

海接着方才的话说："你知道被你戏弄时，鸟儿们是有多苦楚吗？你还记得海鸥临死前的惨状吗？鸟儿，和你戏弄过的千千万万种生物，它们都是有生命的！"

风鼓足了勇气，歇斯底里地咆哮："那又怎样？那又怎样！我不怕它们！我不怕！来呀！来呀！它们又能怎么着呀？！"

“有些东西你是不懂的，风。”海缓缓地说。

“又是爱？又是仁慈？你给我日日夜夜地讲过多少遍了，哼！”风装出一副蛮横的样子。

“不，不要装了，风，你的底气有多虚，连你自己也明白，为什么你不知悔改呢？”海凝视着风，用犀利的目光刺破了风狂妄的面具。

“什么？”风想继续装傻，但它回忆起了第一次这样做的时候。

当时，风的“对手”是小丛林里觅食的一只麻雀，它把麻雀吹得左摇右摆，站立不定。看到麻雀狼狈不堪地挣扎，它的神经开始兴奋，强者的自豪感、肆虐一切的快感让它“呼啦呼啦”地怪笑起来。那时，风还没有遇到海。后来，它们相识时，风玩弄鸟类、玩弄一切已经成了习惯。

风心虚地望向海：海是那样的浩瀚、那样的深不可测，它仿佛蕴藏着无尽的力量，可以轻易地颠覆一切，但似乎又可以包容万物，孕育着一切。在海的凝望下，风刹那间觉得自己渺小，它终于低下头。“对不起，海鸥……”风惭愧地说，此时的它恨不得找个地缝钻进去，还巴不得那想象中的地缝立马合拢。

海看了看它，笑了一笑。它清楚，风总会有悔过的一天。

而那一幕幕戏弄鸟儿们的情景在风眼前浮现：麻雀之死，信天翁之亡，金雕之灭，鹦鹉之卒……以前那残酷的画面又浮现在它眼前。

它回头看了看海，海只是深沉地躺在哪里，微笑着。

在山的那一边——东边，太阳升起来了；在山的这一边，月亮落下去了。一切都是那么的静谧美好，仿佛昨日危机四伏的时刻已经过去。没错，新的一天又开始了，这意味着又一次光明的到来。

“真美！”风对海说。

“是的，这是新的一天。”海对风意味深长地说。

它们，变成了宁和的海与风。

（作者学校：南京师范大学附属中学江宁分校小学部）

本文为2018第五届“北大培文杯”决赛参赛文

我是育翔小学的胡浩然，写这篇文章时是五年级。我喜欢篮球、足球和击剑。在我看来，语文是其他学科的基础，只有学好语文，才能在别的学科上有成就。同时，语文能让我们多了解一些关于古人的事情，让我们的见识变广。语文也是我们的母语，我们对自己的语言是一定要了解的。这就是我觉得语文特别重要和有价值的原因。

关于这次比赛，面对风和蝴蝶这个主题，我觉得围绕它写成一首诗或者一部小说都可以，但我更熟悉寓言故事，所以我选择了现在这种写法。

风与蝴蝶

胡浩然

一天，一阵风吹过花丛，正好看见了一只蝴蝶在传播花粉，羡慕地想：蝴蝶的工作好简单啊！只用把花粉放到另一朵花上就可以了，根本不用像我一样跑那么远的路。这时候，蝴蝶也感受到了风，喃喃自语道："风的工作好简单啊！跑一跑就可以了，哪儿像我：那么多花，在每朵花上都得停留。"风听见了蝴蝶的喃喃自语，忙兴奋地说："我也正想做你的工作呢，我们交换工作吧？"蝴蝶听了，也开心地说："好啊！"

第二天，风和蝴蝶都开始了自己新的工作。蝴蝶扇动自己长长的翅膀，飞到了城市里，冲着城市吹气。但他的力量太小了，不能吹起一阵风。最后，蝴蝶实在没有办法了，只好飞到每个人的身边，用尽全身的力气扇翅膀，给人们吹风。才吹了三个人，蝴蝶的力气就用得一干二净，他只好慢慢飞向自己的花丛中休息。那一天，明明只有三十一度，可人们都感觉有三十四五度，很多人都在说天气预报不准。

风来到了花丛中，他轻轻一吹，很多花粉都飞了起来，洒了一地。他试着瞄准，可是很快发现：每两朵花之间的距离都不一样，就算瞄准了，也只能把一两朵花的花粉吹到别的花上，很是费时。他冲着一朵花吹了起来。在花粉到达那朵花的正上方时，他停止了吹气，可花粉又向前滑行了一段距离，飞过了花朵才停了下来。花都哭了起来："看来今年是结不了果了，呜呜呜……"风很疑惑，心想为什么蝴蝶的工作会这么难呢？

这时，蝴蝶飞了回来，看见了风疑惑的样子，说："每个人都有自己擅长的事，不要盲目地去追求。"风觉得很有道理，就说："我们把工作换回来吧。"

（作者学校：北京市西城区育翔小学）

本文为2018第五届"北大培文杯"复赛第十三场参赛文

我叫王梓玥，我喜欢看书，书本为我打开了一个神奇的世界，我非常喜欢沉浸在文字之中。

《猫武士传奇》是我最爱的一套书，跌宕刺激的情节让我的心情随之起起伏伏，也让我深深地迷上了猫的世界，为此我还软磨硬泡赖着让爸爸妈妈给我养了一只英短折耳。自此，我一有空便围着猫转，看它吃饭，听它打呼噜，看它追逐激光笔的小红点和与小狗打架，高兴了还会模仿它睡觉、喝汤，和它“对打”。我一堂堂小主活活被这只英短带成了一副“猫样”。

猫养久了，就喜欢学着它的动作；书看多了，也蠢蠢欲动开始模仿着自己写。猫咪自然首当其冲成为我写的童话故事中的主角，我为它们编织了各种故事。能决定故事人物的悲欢离合，这种力量带给我的兴奋与满足，让我欲罢不能。当我拿着我的作品给老师看时，她会大大地表扬我，并和我“探讨”诸如“如果这样修改会不会更好一些？”当同学们传阅我的所谓的“连载”并催促我“快写快写”时，我都会“呵呵，好的，好的”。就这样，在老师的教导下和同学们的鼓励下，读书、写小说已经成为我学习之外的消遣，成为我生活中的小确幸。

我相信书籍会改变生活，让之前觉得不可能的事情一步步变成现实。我会多读、多想、多练、多沉淀，同时期待惊喜的明天。

小猫逆儿

王梓玥

这是一个没有星星也没有月亮的夜晚，狂风撕扯着沙哑的嗓子在怒号，豆大的雨点疯狂地砸着窗户。

屋内，三只小美短蜷缩在猫妈妈怀里。它们躺在一个温暖而舒适的窝里，小窝垫着棉花和细细的绒毛，橘黄色的灯光洒在它们身上，小猫们发出满意的呼噜声，宁静而安逸。这时，一道闪电劈开黑夜，伴随着一声炸雷。老大和老三吓得直往妈妈的怀里拱，唯有老二“嗖”地跳上窗台，用充满好奇的眼光望着外面。

我叫逆儿，是一只调皮的小母猫。妈妈说我和老大、老三不一样，总是逆着来，便给我取了这个名字。长大后的一天，我们即将被送往宠物店。妈妈虽然舍不得，但是很开心，在走之前一再叮嘱我们：记得在宠物店好好卖萌，争取尽早找个好人家，在那里你们将衣食无忧，没有任何危险。我们被装进了纸箱，离开了妈妈。而我并不向往那样的生活：整天被关起来，那该有多么无聊！外面的世界是怎样的？

我用前爪扒着纸箱边，用两条后腿站在纸箱子里往外看，发现我们所在的那个大方盒（车）还没来得及盖上后面的盖子（车尾箱）。来不及细想，我便两条后腿一蹬，前爪用力一摁，打翻了纸箱，跳出了方盒，落在了地上。两脚兽（人）过来盖盖子时，并没有发现我不在了，我便飞也似的躲进了一旁的草丛中。

呼，真是天助我也！我躲在草丛里暗想着。原来草丛踩着这么舒服！我对自己一时冲动的决定感到激动和满意，任由昨夜的露珠洒在我银白色的皮毛上。接下来去哪儿呢？我记得妈妈曾说过，在我们花园的大石头雕像旁有个小缺口，后面便是一片树林，那里就是连温饱都成问题的野猫野狗的地盘。我先去那儿！

走着走着，大概过了二十来分钟，我在丛林深处的小湖边发现了一个树洞，里面铺着些落叶和落花，几条绕着树的藤蔓垂下来，刚好遮住了洞口。一旁的小湖不算大，它的直径大概只有几十尾长，但湖水清澈见底，还有小鱼吐着泡泡。哈，这用来当我的新家，再合适不过了。现在住的大问题算是解决了，可是还有很棘手的问题，那就是食物。于是，野猫成了我的老师，我看他们怎么觅食、捕猎，就跟在后面悄悄地学。从一开始只能捡他们的残羹冷炙，偶尔还会饿着肚子，到后来我也能轻松找到食物，学会了捕猎。就这样，我开始了自由而惬意的生活，却在心底时不时浮现出一丝孤单的感觉。

在我迎来了来到丛林的第四十二个日出时，我终于领略到了没有按照安排去宠物店，相反却来到这丛林的凶险。那天早晨，我正站在树上盯着一只鸟伺机去捕，突然听到远处灌木丛中传来的猫的惨叫和狐狸的怒吼，令猫作呕的血腥味逐渐在丛林弥漫开来。顾不上那鸟，我急忙顺着声音向灌木丛奔去。我赶过去时，看到了两只浑身是血的猫蜷缩在地上呻吟，几只我同龄猫的尸体东一个、西一个，一只被鲜血染红毛发的白猫骑在一只狐狸的脖子上，正伸出利爪猛挠向狐狸的脸。见同族遇到这险要情景，我想都没想，一个飞扑冲了上去，与白猫并肩作战。我利爪出鞘，张牙舞爪地撕扯着狐狸柔软的腹部。狐狸吃痛，甩下脖子上的白猫便来咬我。第一次经历这种战斗的我吓得脚下一个踉跄，摔倒在地。狐狸顺势咬着我的耳朵将我提了起来，一摆头，将我甩在了远处地上。鲜血顺着我的耳朵流到了地上，可我来不及理会，因为那只白猫被另一只体型更大的公狐狸摁在了地上，狐狸的嘴正咬向他的喉咙。我一声怒嚎，转身扑去，从公狐狸的侧面挠向了他的眼睛，红色一下子盖上了狐狸的眼睛。被挠瞎眼的公狐狸恼羞成怒地朝我的肚子咬来，我感到一阵剧痛，便什么也不知道了。

当我醒来，发现白猫正关切地盯着我，问："你好点了吗？"

"狐狸呢？狐狸跑了吗？"

"后来又来了几只猫，那只被你挠瞎眼的公狐狸见形势对他们不利，无心恋战，带着母狐狸跑了。他们经常徘徊于此，困扰了我们很久。但估计这次之后，应该暂时不会回来了。你为我们受了伤，需要照顾，你愿意和我们一起回营地吗？"

"嗯。"我虚弱地答应了。白猫扶着我来到了他们的营地，认识药草的一只猫咬碎了一些臭臭的药草，包在蛛网里，敷在了我的伤口上，伤口传来的一丝丝凉意让我长长地舒了口气。过了几个时日，我的伤口愈合了。虽然耳朵缺了一块，但我并不在意。我坐在营地里的高石头上，看着日出，满意地咕噜着。我找到了新家，也找到了我内心一直追求的那种充满了挑战但也充满了希望的生活。

老大柚子和老三橘子侧躺在新主人家里舒适的猫窝里，旁边摆着两个永远不会空的食盆。他们无聊地上下摆着尾巴。"明天又是这千篇一律的生活。"他们异口同声地叹息道。

（作者学校：广东省深圳市育才第二小学）

本文为2018第五届"北大培文杯"复赛第九场参赛文

风与海之恋

王梓玥

在奇幻的异大陆，有两只猫妖：海澈和风吟。

海澈是只通体雪白的母猫，宝蓝色的眼睛像一片汪洋，澄澈而深邃。她住在海边的红树林里，是只恋家的猫，靠捕食鸟雀鱼类为生。

风吟是只矫健的黑猫，有身乌黑发亮的毛，青色的眸子机敏而谨慎。他常年流浪在人间，热爱自由，也习惯了世事无常。

那个普通的冬季，让不同的风吟与海澈走到了彼此身边。

严冬，海面上结了一层薄冰，原本潮湿柔软的大地变得又冷又硬。鸟雀南飞，鱼群入海，捕猎变得十分困难。冬天，意味着海澈要过苦日子了。

人间，也冷了下来。人们的大门紧闭，可以帮助风吟解决食物问题的人变得越来越少，无奈的风吟只得逃入了海边的红树林。

于是，在追逐稀少猎物的时候，风吟遇上了海澈。海澈让风吟住进了自己的小窝，风吟将漂泊时学到的本领教给了海澈。两只弱小的猫妖，借助彼此熬过了严冬，一缕情感也藏进了他们的心。

暖春，海澈带着风吟，听浪花歌唱，看鸟雀回家。风吟带着海澈，观人间烟火，赏樱之绽放。但，风吟必须重新上路了。

他爱这浪花，爱海边的红树林，更深爱着海澈。他想过留下，却无法割舍自由的风。

她爱这烟火，爱绚烂的樱花，享受和风吟在一起的时光。她想过离开，却难以放下这汪洋大海。

最后，风吟还是离开了，海澈还是留了下来。

二月的最后一个傍晚，落日的余晖染红了海澈的白毛，也给风吟的黑毛镀上了一层淡淡的金色。这时，风吟慢慢开口道："海澈，你愿不愿意和我一起走。去看无常的人间世事，修炼妖力，化为人形后，走遍天南地北？"

海澈听到后一惊，身子一颤，耳朵平贴了下来。她带着嗔怒，道："风吟，这么久了，你难道还不清楚我吗？那你又可曾愿意留下来，和我一起感受海浪轻抚脚掌，看鱼儿为我们起舞，在这海边定居下来？"

风吟沉默了。海澈一甩尾巴，坐到了离他几尾远的地方。她那蓬松的大尾巴，不安而忧伤地剧烈摆动着，那双蓝色眸子里的清澄的泪水快要藏不住了。她低下头，感受着海浪轻轻的安抚。

风吟依然沉默着。

半晌，他慢慢地一步步走到海澈的面前，轻轻舔了舔海澈的耳朵，低下头碰了碰她的鼻子，脸上全是不舍。他缓缓开口道："海澈啊，我知道你离不开这里，海孕育了你，无言地注视着你的成长。我明白这种感觉，就像我和自由之风。我本漂泊之妖，你这些日子以来给我的，我不胜感激。我爱你，因此想让你快乐，但剥夺这海洋，那就是剥夺了你一半的快乐。我……"

海澈"嗤"的一声，笑了出来，含着泪拍了一掌风吟的耳朵，哽咽道："风吟你个大傻瓜，我明白，我都明白啊！但，请你，请你一定——一定要回来！"她把鼻子埋进了风吟的黑毛里……

（作者学校：广东省深圳市育才第二小学）

本文为2018第五届"北大培文杯"决赛参赛文

徐子棋，六年级，来自山东省淄博市张店区第九中学，性格活泼开朗，学习成绩优异，在校多次被评为“三好学生”“优秀班干部”。课外兴趣广泛，喜爱阅读、写作、绘画、古筝、围棋等。其中，古筝已达十级水平，围棋已达三段水平。多次参加征文比赛并在“开拓杯”作文大赛中获得一等奖、在淄博小学生毕业主题美文创作大赛中获一等奖，获奖作品曾在《淄博日报》上发表。享受阅读，热爱文字，认为文学是一种慰藉心灵的养料，是黑夜里指引前进的明灯。

风与海的对话

徐子棋

清风掠过大海，卷来几缕咸腥、几分遐思。

风

我是一缕风，来无影去无踪的风。我没有颜色，没有身影，是世界上最可有可无的存在。

要说我最羡慕谁，那一定是海大哥。你看，他的胸怀多么宽广——“海纳百川”说的就是他。而我呢？唉，人们都嫌弃。一旦我与海大哥打个照面，我便会成为海风，又咸又腥。而一旦我偷偷溜进空调外机里，我便会成为热风，被人避之不及。

唉，我到底该怎么办呢？

海

我是海，没错，就是那广阔无垠的大海。

要我说，我最嫉妒的就是风老弟了。我拥有一颗向往自由的心，奈何却被禁锢在这里。

风多好啊，自由自在，无拘无束，可以去很多我想去的地方。如若我想活动一下，便会酿成海啸——一种极其可怕的自然灾害。唉，都说我海纳百川、包罗万象，可是每年那些游客叽叽喳喳，还往我的身上乱扔垃圾，我当然忍不住啦！可我稍微阴沉下脸，他们被呛了水，便咒骂说："真不是什么好海！"然后愤怒离去。

唉，风老弟，你说我到底该怎么做呢？

风

哎呀，海大哥，您可别说笑了。我们可是云泥之别，您怎么可能嫉妒我呢？

海大哥，您的海啸是多么气吞山河般的存在，雄伟壮观，多么有气概啊！唉，您还记得上次来海边玩的那个可爱的红衣小姑娘吗？看，她上次来玩得多开心啊！在你身上打滚撒娇，我看得都眼红哩！而我呢？围在她身边转了那么多圈，可是她却什么也没看见……谁叫我是看不见、摸不着的风呢？

海

不不不，你这话就不对了。风老弟，那小姑娘在我身上游来游去是不错，可惜她水性不好，要不是风老弟你围着她转来转去，在我身上漾出点点波纹，她妈妈看不到的话，那小姑娘将有生命危险！

唉，谁叫我是广阔无垠的大海呢？

风

等等，海大哥，我看那小姑娘来了！啊，还留了一封信！这信上是这么写的——

"亲爱的大海和风，你们好！虽然我妈妈认为我因为上次的事情写这封信无聊且幼稚，但我还是想写。

"呐，你们知道吗？昨晚我做了一个很奇怪的梦。嗯……梦见你们争吵起来……也不算争吵，就是互相羡慕起来了。

“啊，风有风的自由自在，海有海的广阔无垠。如果没有大海，我也不会玩得这么愉快；如果没有风，我这条命也没有了。哈哈……”

啊，海大哥，她说得挺有道理的，不是吗？

海

哎，风老弟，这小姑娘说得何止是有道理？你看，你能迅速地把信卷起并阅读，而我能容纳游客；你能去到你想去的地方，而我能包容我想容纳的东西。

哈哈，我都这一把年纪了，还不如一个小姑娘分析得透彻。

我们何必互相羡慕嫉妒？有这时间不如去看、去干别的事情。我已经被这身躯禁锢住了，你可别被这世俗的眼光禁锢住啊……

尾声

又是新的一天，惊涛拍岸，微风轻拂。这座城市又多了一些为了追求别人眼中的骨感美而拼命节食的女生，以及为了能让家长跟别人炫耀而拼命学习的学生。

其实，小姑娘的那封信反面还有几句：

“我妈妈还说过一句话，虽然有点高深，但我认为很有道理。‘我们不必太在意别人如何，活出自己的精彩便足矣。’”

是啊，无论是海、风还是人，都不必太在意别人如何，活出自己的精彩便足矣。

（作者学校：山东省淄博市张店区第九中学）

本文为2018第五届“北大培文杯”决赛参赛文

我叫田雨鑫，来自山西省太原市雷锋小学。我喜欢徜徉在优美语句的海洋中，喜欢用手中的画笔描绘幻想的世界，还喜欢在如歌如画的唐诗宋词中体会国学的魅力。文学如一汪清泉，沉淀了我心中的浮躁与喧嚣，让我的心灵更美好，让生活的阳光也能照到我心中。

风和海

田雨鑫

风，吹过竹林，竹林“沙沙”地响。

风，又吹过小溪，小溪“叮咚”地唱。

风，吹过草地，碧绿的青草摇摆着纤细的胳膊，仿佛在欢快地跳着一支春的舞蹈。

海，水平如镜时，是宁静的家园。

海，碧波万顷时，是旖旎的风景。

海，孕育了万千生灵，是生命的摇篮。

风吹到了海上，海那妩媚的、闪烁着点点波光的脸庞，被风吹出了一条条皱纹。海抱怨道：“风啊，你这个迟迟不归家的游子，为何要给我美丽的脸上吹出皱纹呢？难道你没有听说过‘绿水本无忧，因风皱面；青山原不老，为雪白头’吗？我们水，本来平滑如镜，却因你而皱面，请你走吧！回你的母亲那里去吧！”风悠悠地吹着，娓娓道来：“海呀，我的确是母亲最疼爱的孩子，但世界上不能没有风。春天，和风送暖，杨柳依依，我在人间轻轻缓缓地游荡；夏天，我迅疾地奔跑，只为送人们一丝凉爽；秋天，我尽我所能地飞奔，把枯叶从树上摘下，撒播果香，让劳动的汗水也变得芬芳；冬天，北风呼啸，雨雪霏霏，我在冰天雪地中奔跑着，为小麦盖上一层厚厚的雪被。我又怎能留下人类与万物，独自回到母亲那儿去呢？”

海沉默了，过了好一会儿，才轻轻地问："那你又为何吹我呢？"风哈哈大笑，说："海啊，海啊，你竟然不懂得如此浅显的道理！海面上只有碧波荡漾才能有生机，如果静止不动，就是一潭死水了！"

海又沉默了许久，任凭风把她脸上吹出一条条皱纹，直到风的身影已远，才开口忧伤地问："风，你可以留在这里吗？我不想成为一潭死水。"

风依然笑着，任凭笑声在海面上、在天空中回荡："你说过，我是个游子，是不可能仅仅留恋在一个地方的。我还要到人间去，给人们带来温暖与春天！"

第二年的春天，风又回到了海面上，海面依然波光闪烁。"我又回来了！"风一边奔跑，一边掀起朵朵浪花。这时，只听海说："风，你又给我带来了生机。"

（作者学校：山西省太原市雷锋小学）

本文为2018第五届"北大培文杯"决赛参赛文

第三辑 寄梦邮局

从本辑所收作品中，我们可以看到，一些小作者已经尝试采用小说、剧本，甚至诗化小说等各种文体进行写作，虚构能力、文体意识均十分喜人。

高瑾的《榴花殷红》篇幅短小，但不失为一篇落笔大气的作品。小说取三国草船借箭因由，随意点染成文。小作者无意于复述赤壁之战中将帅们的风采，而把目光投向普通的兵士赵大，巧妙地虚构了一段平民的亲情故事。文末一段，“江上的战鼓还在隆隆作响，江水被鲜血染成了深红色，一朵殷红的石榴花漂在水面。”此情此景，充分体现了作者驾驭文字的能力。黄若涵的《雾之谜》讲述了大胆的快递员春生在秋颂山的一次奇异的遭遇，注重细节描写，营造了一派神秘的气息。随子琦的《透明的镜子》，呈现出小作者成熟的视野，将老张的梦想和困厄展示得淋漓尽致，文中“镜子”的意义丰富而令人深思，全文语言节制是一大特点，显示出了一种超乎作者年龄的冷静和克制。

纸在未来会有何种命运？在张泰毓的奇思异想下，纸作为一种传奇的东西闯入一个街头场景。韩鑫厚《纸的穿越》的想象天马行空，但异于一般无谓的恣意穿越，在小作者的笔下，纸的奇幻旅行、丰富的历史知识和充满想象的科幻场景融于一体：有尼禄大帝的狂傲，也有李白、孟浩然的黄鹤楼之别，更有太空传递的梦幻。

林芯竹的《候鸟衔来的种子》是一次成功的剧本创作，情节丰富，描述细致，兼具剧本之美和童话的梦幻。饶楚寒的《纸》，叙述角度有所变换，但不变的是那充满诗意美、散文美的语言，通过纸的絮语，将火燃纸张的一个小片段写得精彩生动。张景旭的《一曲逆流》同样以诗意的语言，不缓不急地讲述了一个在风雨中的“她”拿起陶埙，吹响“一曲逆流”。如何讲好一个故事？方法有很多。初学写作者在虚构故事的时候，往往会陷入为讲故事而讲故事的困境。而像《寄梦邮局》并不直述跨越时空的代寄故事，却注重场景代入，起首一段对“寄梦邮局”窘状的描述充分显示了作者的文字功底，同时，“拉开一笔”的写法让故事有了可观的空间感。

我叫高瑾，就读于首都师范大学实验小学，是一个活泼、开朗、做事认真负责的女孩。我是本校“绿色之声”合唱团的成员，还参加过舞蹈和花样滑冰训练。我平时喜爱阅读文学、历史、地理、生物、科学等各类图书。在中国古代作品中，我最喜欢罗贯中的《三国演义》；在外国作品中，我最喜欢杰克·伦敦的《野性的呼唤》。

榴花殷红

高 瑾

建安十三年，曹军与孙刘联军在赤壁决战。赵大是一名士兵，正列队站在甲板上，等待黄盖来投降。

队长说，这次打完仗，他就可以回家了。

东南风吹着大旗，他想起了自己的女儿。在离开村子时，女儿把一朵火红的石榴花塞进他的手掌，那时是五月，路边是盛开的石榴花，女儿的名字叫石榴。

“轰隆”一声巨响，熊熊大火忽然从前方的船上升起。有人大喊：“黄盖诈降！”滚滚黑烟和烈火在风中四处蔓延！正在赵大和其他人惊慌失措时，吴军的黑色战船冲了上来，火箭四射如雨，赵大吓得浑身发抖，耳边只听见惨叫声和箭射中船板的“梆梆”声。队长大喊“灭火”，因为所有的船都被铁链连在一起，四周船上的大火已经烧上了他们的战船！队长向赵大吼道：“快把船头的铁链砍断！”赵大是出名的大力士，但他仿佛被吓蒙了，只是拿着盾牌站在原地，一动不动。

队长骂了一声：“废物！”提斧弯腰冲上前，猛砍铁链……忽然，一支箭射中队长，斧头落地，队长落入水中。赵大开始哭泣：“我要回家！我有女儿，我不能死！”他猛地扔下盾牌，在箭雨与火光中向船头狂奔！他拿起斧头，高举过头，狠狠向铁链砍去……斧头与铁链间火星四射，他的脸上已经分不清汗水和泪水。

一支箭射中了他的腿，他半跪着奋力猛砍……敌人的箭瓢泼而下，蓦然间，赵大觉得背上剧痛——一支箭已穿透他的胸膛！血从衣服上渗出，像几朵火红的石榴花！他无力地向后倒下，落入水中。

冰冷的江水包围了他……所有的刀枪声与惨叫声，所有的硝烟与血腥，都慢慢消失了。他好像回到了家乡，天空中下着丝丝小雨，四周是一望无际的石榴树，一团团火红的花朵在微风中轻轻摇曳，花瓣上满是宝石般晶莹的雨珠，耳边似乎传来女儿稚气的读书声，他的手中好似又被塞入了一朵石榴花，柔软的花瓣就像女儿的小手。

江上的战鼓还在隆隆作响，江水被鲜血染成了深红色，一朵殷红的石榴花漂在水面。

（作者学校：首都师范大学实验小学）

本文为2018第五届“北大培文杯”复赛第十一场参赛文

我叫黄若涵，是一名六年级的学生，来自广东省深圳市福田区福民小学。

我平时喜欢唱歌、弹琴（钢琴）、跳舞（拉丁舞），酷爱绘画、阅读、写诗赋文，二年级开始有了即兴写诗的热情。2015 年（9 岁）出版了属于自己的诗文画作品集《萌眼看世界》。

我非常喜欢自由创作，尤其是写童话。那种天马行空、不受任何约束的感觉，那种纯真的想象，激发了我对童话的浓厚兴趣。

《雾之谜》里的树木，在我心中是存在的，它永远在我心里唱着歌。

雾之谜

黄若涵

春生是个快递员。

他是全县最优秀的快递员。许多快递员不敢去的地方，他都敢去。

可是，最近他有了一个烦恼。前几天，有一份神秘的快递单送到他手上。单子上是这样写的：

物品：一个挂坠

地点：秋颂山第一〇二一棵树上

春生细细读了几遍，确定自己没有看错、看漏。接不接这单快递？春生不禁纠结起来。

接呢，不免害怕；不接呢，自己的名声就要受损。

秋颂山是座神秘的山，也是个可怕的地方。村里很老的老人说，一有人进秋颂山，就迷失在里面，再也没有回来过。

可是，快递公司已经在催了啊！今天是要做决定的最后一天了。

春生犹豫再三，最后还是接了。他决定去试一试，万一顺利送达了，自己肯定名声大震。

春生收拾好东西就出发了。

他走着，不知不觉走到了山口。他望望就在面前的秋颂山，心里竟有些不安。他深呼吸一口，做好了心理准备，还是进山了。

林子里很安静，没有任何噪音。春生连自己的脚步声都听得见。放眼望去，树木整整齐齐地排成两排，站立在林荫道的两侧，很自然地给春生让出一条道来，好像是在欢迎他的到来。

很正常嘛。春生想，全都是树木，哪有什么恐怖的地方。

春生想到这儿，感觉也没有什么好怕的了，便放胆走了起来，一边走，一边嘴里唱着一首歌谣：

树叶飘，树叶飘，
春风真美好；
花儿落，花儿落，
树精邀我去做伴。

春生唱到这儿，忽然想起后面的歌词，住了口。

可深处的山林像是得到了什么回应，一个不知从哪儿飘出来的和声把歌谣的下半段唱了出来：

唱吧唱吧，跳吧跳吧，
留在这儿不要走！
唱吧唱吧，跳吧跳吧，
永远在这里陪我玩吧！

这个和声真美！这是妈妈教给自己的歌谣。林中回荡的美妙和声，让春生不禁回想起以前妈妈的歌声，是那么温柔、那么甜蜜……

春生很想弄明白刚刚是谁在唱歌。是会唱歌的树林吗？他好奇地朝两旁的树大声喊：“喂！刚才是你们在唱歌吗？”

春生的声音在山谷里回荡了一阵又一阵，可还是没有得到回应。

或许是自己错了，春生觉得有些沮丧，闷闷地继续往前走。

这时，一阵嬉闹的声音突然传来。全都是女孩子的声音，全都一样尖细。她们吵闹着，齐声说道：“是呀，是我们。”

春生呆住了。

果然有会唱歌的树林！他有些兴奋，又有些不确定地再问了一句：“你们是会唱歌的树林吗？”

那些嬉闹的声音再次响起：“是哦，是哦。”

春生越听越兴奋，他有些激动得说不出话。没等他反应过来，一连串的问题向他涌来：“你是谁啊？”“是来这儿干吗的呢？”“要不要坐下来喝杯茶？”“和我们一起玩吗？”

春生听到后，又一个个回答：“我不是来玩的，我是一个快递员，我只是来送快递的。”

那一群沸腾的声音立刻安静了下来，又响起一种遗憾的声音：“唉，不是来玩的吗？”

“不过，没关系，你可以送完快递再来玩呀！”一个声音响起。“对呀对呀！”“可以的哟！”这么一说，许多声音都响了起来。

“请跟我们来呀！”树林说。说完，每棵树都摇摆着让出前方的路。

春生跟着走了。这秋颂山也是终年云雾缭绕，刚才还不觉得雾多，现在愈发觉得雾变得多起来。雾又白又浓，春生的眼睛模糊了，连意识，也有些不清了。

春生就这么走着、走着。他被领进了一间木屋。树林的声音又响起来："请坐请坐！一起唱，一起跳！喝杯茶吧！"

春生坐了下来，他有些腼腆地说："我真的只是送快递的！"便从口袋里拿出那个极为好看的挂坠，放在桌上。

歌声又响了起来，他们唱的还是那首歌谣：

唱吧唱吧，跳吧跳吧，
留在这儿不要走！
唱吧唱吧，跳吧跳吧，
永远在这里陪我玩吧！

"歌谣是这么唱的。所以，你来了，就不能回去了哦。"

春生忽然明白了！他全都明白了：那些失踪的人，都留在这儿了；而会唱歌的树林，就是树精啊！

春生的心里恐惧极了，他站起来，拔腿就跑！他疯狂地向山下跑去，树精的声音在身后紧追着他："不行哦！""你要留下来，陪我们玩！""永生永世哦！"

他顾不上看路了，哪知一个踉跄，他踢到了一块石头，整个人向前倒去，渐渐没了知觉……

春生醒来时，发现自己倒在山口。他看了看天上，发现太阳出来了，秋颂山上的雾也散了。

那条通往山林深处的路旁，树木整整齐齐地排成两排，繁密的树叶遮住了阳光，并无任何异样。

他拍了拍身上的泥沙，不知为什么松了口气。

（作者学校：广东省深圳市福田区福民小学）

本文为2018第五届"北大培文杯"复赛第一场参赛文

随子琦，出生在豪迈的内蒙古，却独爱细腻质朴的文字。

我喜欢在夕阳灿烂的傍晚独坐书房，喜欢在天幕深邃的午夜凝视深蓝的夜空，喜欢在文字的世界中流连忘返，更喜欢与你对坐，同抒心声。

写作像是一场发现。在行行秀美的文字中，更容易找到真实的自我。

写作并非一个人的事。几个笔友聚在一起，不同的思想就会迸发出清新的活力。

就这样，希望你我在写作之路上愈行愈远。

透明的镜子

随子琦

老张又站在了全市游泳赛的赛场上。

他也记不清这是第几场了。从哪一年开始训练、哪一年站上赛场，他也记忆模糊了。总之，老张从没站上那个领奖台。

“我就是喜欢！”他自语。

老张站得很直，头却不住地看那池水。

水面无一丝波纹，平静的水面闪烁着金、青、蓝三色光泽，丝绸样的质感。天蓝色的瓷砖甚是整齐，油亮的表面却是极其冰凉。

老张已无数次看到这样的水面了。

这将是他最后一次参赛。他老了，是真的“老张”了。

裁判员一声哨响。老张躬下身做准备，掌心却是冰凉，他忍不住打个哆嗦。

“嘟——”哨声沉闷，可在老张听来却异常清晰。入水动作不知刻意练习过多少遍了，他丝毫没有迟疑，纵身跃入水中。

水很清，无任何杂质，整个泳池一览无余。水面上，金黄色的光圈串串相连，迷离梦幻。水底一层灰暗，倒叫人觉得害怕。冰冷的水刺激老张伸出手脚，又疾速收回，飞也似的做起动作。

这动作，他早已做得麻木了。他忽然觉得：这池水，像面镜子——透明的镜子。他浑身上下却又觉得不自在了，好像真照透了似的。真的，这水照出了老张记忆深处那支离破碎的回忆。

七岁，他迷上了游泳，放弃了大好的学业。老师找他父母谈了好多次，父母也棍棒加劝诫地阻止了他无数个回合，可他执意要游。

“我就是喜欢！”他边换气边嘟囔着，手脚开始发力。

他又看到了十二岁的自己。

那时，父母终于同意为他寻专业教练。他每天一早出门，半夜归家，练上一整天。可他并不适合游泳，四肢也不灵活，协调性极差。但他就是要练。

老张已酸麻的四肢渐渐失去知觉，手和脚的动作变成了符号性的摆动，既没有知觉，又没有热情。消毒水刺激的味道呛得他气喘吁吁，换不上气。他患上的耳鼻喉炎症，也是因为游泳。

二十岁时的老张还是小张，尽管上万个小时的训练已让他有了飞跃，可他始终不能在市级比赛中脱颖而出。

教练的一个个“啪啪”的巴掌打在他身上，生疼，火辣辣的麻。这些巴掌没有让他退缩，反而激发出了他源源不断的自信。他更爱游泳了。

二十三岁……二十五岁……老张的命运浸在泳池里，湿湿的，却充满梦想和激情。可他的最好成绩是全市第四名，他始终与领奖台擦肩而过。游泳馆里来了一批稚嫩的面孔，他真的成了“老张”。

老张忽然觉得，水里映出的回忆破碎了，这面镜子碎了，自己好像又成了另一面镜子。

直到老张三十岁，那些曾经的稚嫩面孔已然变成少年，早已和老张成了朋友。他们并不觉得跟老张一起训练丢脸——毕竟他们是教练口中的“少年天才”。这些“少年天才”不嫌弃老张的故事枯燥、乏味，训练之余，就一同坐在凳子上，听老张讲他的故事。

第一个来回游完了，老张尽了全力，他似乎又听见自己说："我就是喜欢！我一定要坚持到最后！"他心里真是矛刺盾、盾碰矛，五味杂陈。真是艰难的选择——他还是决定游完全程。

那些"少年天才"在池中游时，常叫老张指点他们的动作。老张像个紧盯着猎物的猎户，盯着少年们健康强壮的身躯在水中溅着水花、荡着波纹。他详细地给少年们解说动作的要领与不足，将所有经验倾囊相授，毫无保留，真像面勤勤恳恳的镜子。

"喏。"老张自语，"我就是面镜子嘛，而且是全透明的，没一点私心。"

直到少年们离他而去，他才感到真正的孤独。这面镜子，也碎了。

他不想游了，到一个转弯处停下，双臂一撑，坐了上来。他听到裁判员尖锐的声音："选手是否弃赛？"

他点点头。"是。"他的嘴下意识地向前一伸，吐出这一个单字。

他走向更衣室，从未这样轻松，却又从没这样迷茫。他面对突如其来的空白干燥的生活，不知所措。他并不知道，没有泳镜、泳帽和泳裤的日子该怎样规划。生活被风干了，晾在心底，这固然是不错的。可是，梦破碎了，激情熄灭了，眼前一片白雾。

尽管这样，他还是期待着生活的金光。"明天干些什么好呢？"他想。

（作者学校：内蒙古自治区呼和浩特市南门外小学）

本文为 2018 第五届"北大培文杯"复赛第十五场参赛文

Hi，我是张泰毓，张是张弛有度的张，泰是否极泰来的泰，毓是钟灵毓秀的毓。父辈给我起这个名字，是希望我在为人处世上张弛有度，在事业上否极泰来，在性格上钟灵毓秀。

我来自北京市西城区奋斗小学。我喜欢在静谧之地听激情四射的音乐，在体育场上拼搏，在社团专用教室里打快板，在空闲时间一页页翻看各种古文、白话文书籍。

我认为，文学是文字的艺术，是文字的学问，是我们对一篇文章或一部作品的理解，是我们与文学作品中的人物一起品尝人生的酸甜苦辣，是我们与作家交流感受和看法。

传 奇

张泰毓

3018 年，集市。

一位商铺老板抬手看了一眼表：两点十五分。午后的市集基本没有人来了，骄阳似火，旁边几家店的老板都昏昏欲睡，整个市集沉浸在一种昏昏沉沉的状态中。

“你们知道什么是纸吗？”街对面，一个老者又在逗几个孩童，“你们肯定没见过，那是我爷爷的爷爷的爷爷的爷爷的时候的东西了，这东西非常薄，最常见的是白色，那时的人用这个东西……”“又在讲这个老掉牙的故事。”商铺老板轻声说道。

正说着，街边突然窜出一个人影，“刷”地一下闪到一家店旁，拿起最贵的投影仪，又闪到另一家店旁拿了个全息联络机。投影仪老板从昏睡中惊醒，喊道：“你还没有付钱呢！”那人道“一会儿一起付给你们”，边说边又拿了其他店铺几样东西窜了回来：“买单！”

店铺老板纷纷追来：“你用哪种支付方式？饵币？铁子币？瓜子币？光币？……”“我用纸！”这短短三个字，像是往每个店里都放了枚炸弹，人们骚动了起来。“再说一遍！”“我用纸！”依然是那么斩钉截铁。几位老板不约而同笑了起来，“哥们儿，别开国际玩笑了，你到底用什么支付？”说话间，那人从口袋里拿出一个小包，轻轻打开，取出一张平整的、白色的、非常薄的东西。

那讲故事的老者激动地站了起来，从街对面奔了过来，嘴里喊着："孩子们，快看，这就是纸！这就是纸！我从孩提时期起，6岁见过一次，余下大半生都没见过，纸！"他手指着那个男子手中的东西。大家都愣住了，一片寂静，马上又骚动了起来，那几个老板满脸堆笑着瓜分了那张纸，十分客气地送走了来者。

那人刚走不久，便来了一群人，个个凶神恶煞一般，一看就是来者不善。领头的说："你们只要告诉我，那个拥有纸的人在哪里，我保证不伤害你们。"一阵沉默后，一个商家偷偷指了指西边，领头的点了点头，给了那人一百铁子币，领着一众扬长而去。

有个好奇心重的老板偷偷派了个打杂的去探听消息，发现：几里外，那伙人横七竖八地全都躺在了地上，一动不动，每个人的手臂或是脖子上有一道细细的血线，不仔细看看不出来，其他地方并无伤处。

打杂的并不知道，此刻，一颗流星正从他头顶划过天际，飞向2049年……

（作者学校：北京市西城区奋斗小学）

本文为2018第五届"北大培文杯"初赛参赛文

我是饶楚寒，来自北京市昌平区第二实验小学。我爱阅读，热爱大自然。对于一个极富有好奇心的人来说，每一朵在空中悄然绽开笑脸的柳絮，每一缕透过树叶散落的零碎阳光，每一丝薄纱般缭绕在周身的果香，每一片哪怕生命转瞬即逝也要精彩华丽的雪花，都是美妙而值得玩赏的。

而文学在我眼里，是源自自然的，这也是为什么我时常因它而忘我。它是每一个人挥起自己手中的画笔，以不同的心境与想法，对自然的真挚描摹。或许是因为文字赋予了原色的自然别样的色彩，又或许是自然从一开始就好似清澈的湖水，在阳光下泛着粼粼波光，如一尘不染的明镜，映着世间的万物，记录着一切变迁，蕴藏着世上最吸引人的魅力。

纸

饶楚寒

它终于认清了自己注定是苍白而沉默的，不敢再去幻想，怕伤得太重。满是折痕的身躯在火炉中燃烧，跳跃着的橘色火苗一点点吞噬着它的身体，它仿佛在颠簸，宛若奋力挣扎的白蝴蝶，带着烈火飞翔，要让生命的最后一刻也华华丽丽。灼烧的痛，比撕裂、捣碎还有那笔尖的蹂躏更折磨它。它仅剩的发黑躯体，尽力妄想得到温暖，得到的却只有绝望。

在火苗的“噼啪”声中，它仿佛听到了一句不屑的话语：“一张废纸，没用。”那样的干脆，毫无留恋之意。被火燃尽的最后一刻，它只想有人知道，它有着这样一个故事：

我总是想，要是能回到从前，那样是最好的！

我或许会在风中摇曳，享受我本可以体会的新鲜事。那是雨过天晴后，泥土的味道会环绕在我身边。我可以与并肩挺立的同伴们连成一片翠绿，耀眼的暖色一定会温暖周身的一切！怎么会像现在这样，被压迫在窄小的天地中，瑟瑟发抖，感受孤独与无助呢？

我或许还能有机会望着清幽的琼月，想象着自己生命的轮回，将那一抹憧憬挂在明月栖息的大树枝上。我肯定会长得高高的，像面前那棵大树一样！触碰到那根小嫩枝时，我会在月亮慈祥的目光下与清风共舞。那时候，月光会把我的影子拉得很长很长，越过小树丛，映在小溪上。同伴们一定会为我骄傲的！它们也会伴着我，一起快乐生活。

我见过最可爱的，就是树枝上欢歌的鸟儿。我一直在想，什么时候，我能再听一听它们婉转的歌声呀？它们可偏心啦，从来都只歇息在大树的枝叶中，我也只能从大树茂密的树叶后面隐隐约约听几声。不过，我想，如果我可以继续生活在那里的话，我也能长得那么高大的。到时候，在我这里休息的漂亮鸟儿，肯定比别的树上要多好几倍！

成为一张纸时，我想着我会有全新的体会与更好的生活，可是——却没有如愿。我只有被存放在夹子里，等有用时再发挥自己渺小的用处的命运。我本来是满怀期待地等着，等到发挥了用处才心满意足。可是，那一双认认真真写着文章的手的主人，却只是将我作为她论文中的参照，草草率率地折了三两下，做了对比，便毫不犹豫地将我丢进了那炉火中。我希望能苦笑着问一问：这里，燃烧过多少张像我一般的空虚的纸呢？

我本以为这火无论怎样都是温暖的，它烘暖了整间小小的木屋，但是此刻，它却可以像无底的深渊一般刺骨的冰凉，它包裹在我身旁，好冷……真的好冷……头脑中恍惚不已，我想笑一下，可惜上苍连这也不愿满足我……

强烈的橘红跳跃了最后一下，很凄美，但却孤单。没有人注意到它的消失，就连那双手的主人，连最后一眼，也没有看它。

（作者学校：北京市昌平区第二实验小学）

本文为 2018 第五届“北大培文杯”初赛参赛文

我叫林芯竹，来自首都师范大学附属小学。我学习刻苦，勤于思考，领悟能力强，对事物有自己的独特见解。我爱好广泛，尤其钟爱历史、文学和写作，并在“北大培文杯”青少年创意写作大赛、“春蕾杯”作文比赛等活动中获得多个奖项。我热爱科学，并在中小学科技竞赛及“金鹏杯”科技论坛上斩获桂冠；音乐是我的好朋友，我作为校口琴乐团首席，与同伴们一起在华夏、亚太等口琴节上为学校赢得多项荣誉。学习和实践让我体会到“宝剑锋从磨砺出，梅花香自苦寒来”的哲理。这一路上，是文学的相伴让我在每一次尴尬中都有一次成长的完美转身，在每一次完美的转身后都有一次美丽的蜕变。

期待遇见每一位在文学地图上探寻幸福的你。

候鸟衔来的种子

林芯竹

第一幕

时间：初秋一个漆黑的夜晚

人物：候鸟、种子

地点：一片茂密的森林里

夜幕降临，天空一片漆黑，月色如银，洒在一只正向南方飞去的候鸟身上。那候鸟仿佛披上了璀璨的钻石衣衫，在恬静幽深的夜空中颇为夺目。天空中划过一声“嘎——”，候鸟突然向下方的森林俯冲，气喘吁吁地在一株大树根旁停下。

种子：哎呀，你摔疼我了！

地上的一粒种子带着怨恨的目光抬头望着候鸟。

候鸟：什么？！我千里迢迢一直衔着你，你不但不谢谢我，还对我如此说话！要不是当初你百般求我，让我带你去南方看看，我才不会理你这傲慢无理的家伙！我看，你这家伙只会以怨报德！

种子：嘿！我才不愿让你衔着我呢！一路上，我一动不动的，都要累死我了！

候鸟：我看你这家伙就在这片贫瘠的土地上自生自灭吧！

说罢，候鸟翅膀一挥，向天空飞去，只留下“嘎嘎——”两声得意的大叫。

第二幕

时间：白雪皑皑的一个冬日

人物：种子、种子 A、候鸟、小草

地点：被大雪覆盖的森林里

严冬的积雪像一层厚厚的大棉被，重重地压在森林身上，压得森林里的每一个生灵都喘不过气来。

“坚持下去，咬一咬牙，春天快到来了，积雪快融化了……”种子心里呐喊着、呼唤着，但是一阵阵刺骨的严寒侵入他的身体，他冻得浑身发抖。过去发生的一切，仿佛放电影一样在他的脑海里一幕一幕闪过。

（那是候鸟要南行前的一天）

种子 A：我说伙计，你真的要和候鸟一起走吗？你想过万一遇上个雷鸣、电闪、霹雳之类的怎么办吗？到那时候你可就完了！待在原地有什么不好，至少还能活下去！

种子：活是可以活，就是看不见更美丽的世界。

种子 A：你怎么知道外面的世界就是更美的？

种子：对啊，所以不出去看看怎么知道呢？我要做一粒看过美丽世界的种子！

（与候鸟争执的那一刻）

候鸟：你这个不知天高地厚的家伙，迟早会为你的无知付出代价的！

种子：哈哈，别以为你有翅膀能飞，就比我知道天有多高！

小草：嗨，醒醒！嗨，种子，快醒醒！

种子睁开蒙眬的睡眼，发现眼前一棵比他还矮小的小草正一脸焦急地看着他。

种子：你是谁？

小草：我是你的邻居，你都忘了吗？我亲眼看见你从天空中摔下来，看见你和候鸟吵架，看见你在严寒中瑟瑟发抖。可是，你千万不要睡去，那样你会被冻僵甚至死去。

种子：可是，我已经冻得连睁眼睛的力气都没有了。你难道不冷吗？

小草：我也很冷，可是我心里一直和自己不停地说话，为自己唱歌，心里想着暖暖的太阳、和煦的春风，我就不冷了。不信，你也试试！

种子和小草相视一笑，心里都默默地呐喊着坚持下去，咬一咬牙，春天快来了，积雪快要融化了……

第三幕

时间：阳光明媚的一个春日

人物：种子、小草、候鸟、南方的种子

地点：春天的森林

“嘎嘎——”，天空中划过两声候鸟的声音，种子和小草都伸了一个大大的懒腰，抬头看见从南方飞回来的候鸟。

种子：嗨，候鸟，你好啊！还和我生气吗？南方美丽吗？

小草：候鸟，你怎么又飞回来了？南方既然美丽，为什么不能把你留住呢？

候鸟（一边从身上的背包中取出一粒种子，一边说道）：种子，能再次遇到你真开心！我为自己上次抛弃你的鲁莽道歉！你能原谅我吗？瞧，我给你们带来的新朋友——一粒来自南方的种子。

南方的种子：嗨，新朋友们好！候鸟很善良，把我从南方的一条臭水沟中救了出来，还带我来开开眼界。认识你们真开心啊！

小草：候鸟，难道你回来就是为了带这位南方的朋友开开眼界吗？

候鸟莞尔一笑。

种子：谢谢你，候鸟，你是一个天使！

候鸟：我要谢谢你们，谢谢你们让我成为一个承载、传递美好希望的天使！

小草：我多么希望成为候鸟衔来的种子啊！

种子：你就是我身边那只带给我美好世界的候鸟啊！

（作者学校：首都师范大学附属小学）

本文为 2018 第五届“北大培文杯”第六场参赛文

我是来自北京的韩鑫厚，自小爱好天文，是北京天文馆的一名志愿讲解员。

十二岁的我有着充实的生活和爱我的父母，这让我富有感情、多愁善感。也许正因此，我喜欢上了需要真情的文学。不知何时，文学已成为我生活中的一部分，优秀的文学作品一直陪伴左右，《小王子》给了我如星星一般美好而永不泯灭的童心，《海底两万里》让我感受到了坚实的科学知识和幻想激变反应后生出的无限魅力，《三体》则给了我将历史与幻想结合的钥匙……它们让我上天下海，带着我探索天文地理、浩瀚宇宙，给予我无穷无尽的知识，我便总是幻想出一个个世界，并有冲动写下它们、记录它们，也因此喜欢上了科幻文学。我写的文章中时时会有科幻的影子，比如《纸的穿越》。

或许文学不是我一生的归宿，但它一定给我的人生留下不少印记。我想，作为一名学生，视野不应仅限于课堂，更应有诗和远方。为了追求幻想中的世界，我愿幻化成千万个我，在笔下与你们相遇！

纸的穿越

韩鑫厚

这是一个很俗套的开头，但我却不得不用它开始：很久很久以前，有一张纸，它经历了很多的事情，也懂得了世界上很多的感情……

这张纸就是我。

我是在古罗马诞生的，当时的我仍是一张莎草纸。一个精瘦精瘦的人正在整理着手上一摞摞的纸，我趁机环顾四周：金碧辉煌的大殿中，一个巨大的营帐上绣满了金线，它慢慢旋转着，帐内正下着绵绵的香水细雨……我正好奇地东张西望，那人却加快了速度，把我和同伴们用线缝了起来。这时，一个男人刺耳的声音传来："我的书做好了吗？""砰"的一声，门被推开了，一个圆脸的男人昂首阔步地走了进来，那个精瘦的男人战战兢兢地将最后一张纸缝上，回答说："尼禄皇帝，书做好了。"尼禄似乎很得意在我们身上记载着他的那些"丰功伟绩"，时时向人炫耀罗马历史上的这第一本书，可最终，这本书却在那场罗马大火中被点燃，我也不幸化成了灰烬。

然而，在我身上，一些奇异的事发生了：构成我的碳、氢、氧原子分离了出来，用无数种不同的方式排列组合。太阳不停地跃动着，我所在的地点也一跳再跳：从沙漠到尼罗河，从斗兽场到蛮族部落，最后停在了长江边。长江在涨水、退潮，周围一座亭台楼阁拔地而起……

再一次醒来，发现自己正被握在一个人手上，他的另一只手握着一只酒杯，对着一个书生模样的人高高举起。他们身后，是湛蓝的天空和浩浩荡荡的长江。两人眼中都含着依依惜别的离情，他们互致问候：

“太白兄，珍重！”

“浩然兄，珍重！”

孟浩然登上了船，随着浩浩浩荡荡的长江水向东行。李白则在这座气势恢宏的楼阁“黄鹤楼”中，提笔写下了：“故人西辞黄鹤楼，烟花三月下扬州。孤帆远影碧空尽，唯见长江天际流。”自此之后，很多人抄录我身上的文字，而我也渐渐变黄、变脆，直至变成了满地碎片……

这一世，我重生的时间变得很长很长，我身处的地点跳跃性越来越强：从长安到燕京，从洛阳到杭州，有时甚至到了火星、木星、冥王星，见证了一座座太空站的建成，直到落到了一个“未知之地”。这里的天空呈纯净的碧绿色，而不是地球上的湛蓝；当空的白色太阳和正在升起的蓝太阳无一不在提醒：这不是之前的那个世界。只见我身上赫然写着“2047 年 8 月 14 日，天狼星 d，信件送达地球时间：8 年 224 日 18 小时”。这时，一个穿着宇航服的少女走了过来，在我身上写道：“24 岁的升，我是 15 岁的美加子，我到现在都非常地喜欢你！”她将我叠成飞机，扔向空中，我高速飞向太空……8 年多后，我顺着航迹落到了地球上。只见一个 24 岁的年轻人接过了我，看着纸上写的“24 岁的升，我是 15 岁的美加子……”他的瞳孔渐渐缩小，眼中已有泪光。而旁边桌上有一份当天的报纸，上面写着：我们的太空战胜利了，但无人生还！

就在一刹那，我明白了，纸的作用有很多：记载事件、写下诗篇……而最让我感动的是传递思念。人和人之间的感情，就如我——这片薄薄的纸一样脆弱而柔韧，却绵绵不绝。

（作者学校：北京小学通州分校）

本文为2018第五届“北大培文杯”初赛参赛文

我是王婧航，一个亦动亦静的女孩。我来自中关村一小。我爱阅读，爱画画，爱音乐，爱旅行，爱美食，爱幻想……最烦睡觉。希望像《哈利·波特》里的赫敏一样，有一个时间转换器，这样就可以一直做自己喜欢的事情。

我参加了校合唱团和戏剧社。合唱需要静下心来感受音乐旋律，不突出某一个声音才能唱出最优美的和声。戏剧则需要沉浸在角色里尽情发挥，大胆展现。

我喜欢清新纯净的文学作品，曹文轩的《蜻蜓眼》是我的最爱。

王婧航/画

寄梦邮局

王婧航

环顾四周空荡荡的信架，我长叹一口气，把所有没用完的信封、信纸以及对寄梦邮局的希望统统锁进了箱子。屋里仍残留着淡淡的纸墨香；窗外，一抹残阳挂在天边……

爷爷创立的寄梦邮局经营业务是“未来邮递”：代管委托人的信件，在指定的未来时间交给收信人。

现在已经是2040年了，人们都在用电子产品交流，很少有人使用纸笔，更没有人写信，寄梦邮局再也经营不下去了。

屋子中央那张巨大的写字台上孤零零地躺着一封信，这是最后一封没有送出的信。信封已经泛黄，信封上的毛笔字看起来遒劲有力。明天就是约定的送达日期，这是寄梦邮局的最后使命。

第二天一早，我按响了收信人家的门铃，半天却没有人来开门。我心里一阵发慌，这最后的一封信不会出什么岔子吧？门在这时“吱嘎”一声打开了，一位头发花白的老奶奶一边开门一边埋怨着：“这孩子，又打了一晚上的电子游戏，门也不来开。”我举起信问道：“您好！请问小宇是住这儿吗？”老人家的目光落在了信封上，脸上流露出难以置信的表情，泪水转瞬间夺眶而出！她颤抖着接过信，激动地挥舞着，大叫：“小宇，是爷爷，是最疼爱你的爷爷给你的信！”“谁这么烦？吵我睡觉！”卧室门“砰”地打开了，一个头发蓬乱、满眼血丝的大男孩出现在眼前。

“是爷爷写给你的信！”老人家激动地把信递到大男孩的眼前，他脸上流露出一副惊讶又茫然的表情。在期盼的眼神中，信纸缓缓展开，一手飘逸的毛笔字映入眼帘，男孩低声读了出来：“小宇，我亲爱的小孙儿，祝贺你今天满 18 岁，已经成年了！近来我的身体每况愈下，自知活不到你成年这一天，所以特别委托寄梦邮局在今天给你带去这份祝福。你现在已经长成大小伙子了，都喜欢干些什么事呢？还在练习爷爷教你的毛笔字吗？世界又有了什么新变化？身为一名老教师，科技的飞速发展既让我惊叹，也让我担忧，我亲眼看见很多孩子沉迷于网络游戏和电子产品，荒废了学业。孩子，爷爷希望，无论世界如何变化，你都能把握住自己的方向，做一个脚踏实地、顶天立地的男子汉……”

小宇满脸通红，双手捧着信，像捧着一件无价之宝。一行热泪滚落下来，他抬起胳膊用力地擦干眼角的泪水，眼神中闪耀着不一样的光彩，跟之前真是判若两人。他合上信，走过来对着我深深鞠了一躬，连声说：“谢谢！谢谢！……”

回家的路上，太阳已经高高升起，照得我身上暖暖的。我被这薄薄信纸的魔力所震撼，惊叹于它所承载的力量。我暗下决心：一定要想办法把寄梦邮局继续经营下去，让信纸为更多人传递爱与希望！

（作者学校：北京市海淀区中关村第一小学）

本文为 2018 第五届“北大培文杯”初赛参赛文

大家好，我叫张景旭，来自北京市海淀区太平路小学。

我是一名校电视台主播。记得我的第一期节目讨论的是曹操的《观沧海》，在讨论到“我在看海的感受”时，脑海中总是闪过我曾写过的一句词“只羡天人能坐，云重重”。在准备第二期节目“我与狸奴不出门”的过程中，我写了两句诗：“懒困拥书斜倚，狸奴冷睡冬寒。”老师也鼓励我在节目中向同学们分享我的诗词。

是的，我喜欢古诗词，也经常写诗填词。“此韵绵绵未经绝，千古传唱留华年”，是我热爱古诗词的写照；“万卷拂目，泼墨天涯，执笔今昔”，是我对古诗词的情怀。希望通过参加各种文学活动，结识更多喜欢文学、喜欢诗词的老师和同学们。

一曲逆流

张景旭

狂风暴雨肆意拍打着屋檐瓦片，到处回响着玻璃碎裂的、刺耳的声音。阴云密布，看不见前方五米以外的东西，让人窒息、难受。昔日五彩斑斓的大街小巷，在这一时间变得如陈年孤独一般只剩白墙灰瓦。在每个人的眼中，现在的世界不是灰色的故事，便是黑白的特写。

街上没什么人，即便有，也是染上了灰色，什么都看不出来。这些人不是在大街上奔走，想赶紧找一个落脚的地方，便是各种的穿梭在家家户户中间，不知道最终的地点在哪里，应该就是所谓的陌路，各奔东西吧。

只是在这样一个灰色的世界里，夹杂了一种特别显眼的墨绿色。

实际上，墨绿色在平常再普通不过了，但是如果世界都变成了灰色，那么感觉就不一样了。在它出现以前，世界只有一种颜色，它是第二种。终于能吸引人的眼球后，这块墨绿色却是一下子在大街上闪过，不知道的，还以为是自己眼花了，或者是见鬼了。

起风了。

暴雨如银针一般猛地倾泻而下，似乎是在对抢了自己风头的它表示抗议。

风将暴雨直从北边往南边赶，它被刮得踉跄了一下，这才暴露面目——那是一把伞，伞下是一个穿着墨绿色绣花旗袍的小姑娘，她的腰上系着一个棕黑色的东西。她的小脸白白的，似乎是刚刚受到了惊吓，头发被雨点浸湿，凌乱地披散着，几缕乱发甚至贴在了她的额头上，丹凤眼中透露着属于孩子的稚嫩，却又有一种不慌不忙的平静——暴风雨中的平静。她踏着深蓝色的布鞋，一步莲花，十朵水浪。

她顶着狂风，吃力地往前走，时不时身子一歪，差点摔倒，但是她一直在往前走，好像从没有想过停下来歇一歇，暴风雨带来的恐惧与冰冷好像对于她来说已经不算什么。她好像波涛汹涌的海上经受着颠簸、拍打，逆流而上的小船，单薄，但是不屈。

船是逆流而上，那么她就是逆风而上了。

快要到人行道上了……她的脚下不经意地一绊，身子失去了平衡，"啪"的一声摔倒在上人行道的台阶上，伞掉了。狂风更是肆意地吹，暴雨更是无情地落，仿佛在咆哮，训斥着一个逆子。腰间的坠物也磕到了台阶上，发出轻微的"砰"的一声。她不顾腿上的阵阵刺痛，以及似有似无的刮着的狂风，赶紧拾起那个东西，捡起伞，逆着暴雨行进，只不过这回是用跑的了。

梧桐树下有张长椅，平常是供人休息用的。梧桐树的叶子很大，将长椅遮盖得严严实实，但是一经暴雨扑打，长椅上不免有些水珠。

她朝四下里望望——没人，便轻轻滑动按钮，将伞收起来，解开了腰间的坠物——原来是一个八音陶埙。她白嫩的手指轻轻抚摸着埙身上刻的一朵月光花，对准了吹孔，朝里面轻轻吹气，简单地试了一个"发"的音，便移动着手指，按照曲子的音调，吹了起来。

陶埙的声音本就如泣如诉。悲凉的音色在暴雨中显得更加刺耳。她滑动着手指，吹出不同的音色，越来越急促，像是在与狂风做着对峙。只听埙声“呜呜”的悲戚嘶鸣，与暴雨的“哗哗”咆哮相斗。尽管雨声如雷贯耳，但是埙也毫不示弱。雨如浪，埙如船，无论浪涛怎么拍打，埙声绝不动摇。声势渐渐紧逼。只听突然一个滑音，船好像划过一个浪涛，再一次有勇气逆流而上。她骤然站起来，冲着暴雨来的方向，蓦地吹出了一个高音，似鬼泣夜月！只是她年龄还太小，吹埙的技艺并不很高超：她本想八根手指挪开七根，吹出一个最高的音，没想到乘势而上时，这个音却吹破了，发出尖锐的“呜”的一声。她坐下来，埙落到了她的腿上，狂风扑面而来，似乎在惩罚着这个酷爱顶撞的“忤逆子”。

她有点焦躁地用冰凉的手指抚摸着陶埙上的层层沟壑：一半光滑，一半粗糙。她有点不甘心，她就是想让暴雨为自己的音折腰。积蓄在梧桐叶上的雨水玩闹似的，一滴一滴重重地落在她的脸颊上，形成了一条泪痕似的东西。

她重新拿起埙，暴雨仍然一点不减。不同的是，她一开始试音并没有往高了试，而是试了一个“来咪”的音，缓和、温柔。这次设置的音调看似柔柔弱弱，一碰便会支离破碎，实际上柔韧有力，坚不可摧。这次的逆流，却像是挑着水浪与水浪之间的缝隙，小心翼翼地避它耳目，又给人感觉是在安慰柔和后的苦涩。悠扬，慢慢地就能传到千里之外，与刚刚的哭诉截然不同，更像是泪水过后的平息，受了教训似的，绝不出一个高音。暴雨先前得意，这一次想要将埙声彻底击垮，却不料埙声形成了一道保护墙，坚不可摧，完全抵过了狂风暴雨、惊涛骇浪。

暴雨一点点地减弱，狂风也缩成了微风，像是有气无力地败下阵来，应该过不了多久就能慢慢地停下。她也不知道这是自己的第几次逆流一曲，只知道这样的生活、雨天这样的情况，很让她享受。

她满意地将陶埙放在长椅上，踮起脚，伸手摘下低处的一片梧桐叶，轻轻甩了甩，抖落上面的雨水，细细地擦着自己的陶埙。

埙的背面，最下面刻着两个小小的字，像是主人的名字：茶雨。

（作者学校：北京市海淀区太平路小学）

本文为2018第五届“北大培文杯”复赛第九场参赛文

第四辑 窗外阳光倾泻

写作重要的两大基石为阅读经验和生活经历。让自己文思泉涌，就在于重视经典阅读，从优秀作品中汲取丰富的营养；同时，也需要有一双善于发现的眼睛，在自己的日常生活中发现生活的意义，发现一种感动。

本辑所收作品，或写人，或记事，或抒发个人情思，均显示了小作者扎实的写作能力。

刘子睿的《云深不知处》无疑是一篇成功的游记，娓娓而谈，景美情真，将哈尼梯田居民们的一派祥和、安宁、友爱展露无遗，写人状景下笔老练。李富泽的《帆船之旅》捕捉了日常生活中的一次遭遇，用质朴的文字写出了所感所思。

如何从普通的日常生活中选取写作题材，行之成文，是中小学生写作需要跨越的一道关口。写“真”，写“情”，写真实的生活和情感，用心体会亲情、友情，会获得不错的效果。正因如此，陈安旭的《我们家的“读书链”》写活了一家子以读书为乐的家庭氛围。同样描述二孩家庭，周方圆的《我的瓦尔登湖》写出了一个充满理想的女孩面对妹妹的来临，从“迷茫”到“甜蜜”“责任”的情绪波动；沈天钰的《剪纸》感动于弟弟笨手笨脚制作的生日礼物。李欣禾的《下辈子我要做块石头》，乍一看有些突兀，但情真意切，将自己对生活的理解流畅地表达出来，引人深思。徐艺嘉的《渺小的我，没有改变命运的权利》所述，跨越数载，以“我”（古筝）与小主人的情感变迁为内容，巧妙地以古筝为第一人称叙述，但在文字背后，重要的是小作者深知小主人的珍视、迷茫、无奈等情绪的微妙之处。刘佳妮的《窗外阳光倾泻》以朝北卧室、阳光、奶奶为核心要素，写出了一份真挚的亲情，串联起“我”的一举一动，读之令人动容。从中可见，温馨感人的亲情描述足以成就一篇好文章，并不一定非需要华丽的辞藻不可。

此外，邓雅兮的《我言纸语》和《链载情思》，充满个性的语言雅致耐读，充分体现出作者优秀的语言功底。饶楚寒的《相应》，文笔诗意凝练，灵动地写出了“自然与我”的主题。

刘子睿，中国少年作家协会会员。在“北大培文杯”、“中国少年作家杯”、“为学杯”、新奥赛、冰心文学大赛等十多个全国性比赛中获得奖项。现在是虞渊诗社理事，部分作品见于《红豆》杂志和《中国少年作家杯获奖作品选》等。特长除了写作外，还有钢琴，已经通过全国音协钢琴考级十级考试。

文学的目光，一道是河，另一道也是河；文学的双腿，一条是路，另一条也是路；文学的双臂，一端是力量，另一端也是力量；文学的心房，左心房是希望，右心房也是希望……是文学，把遥远的地平线上的所有崭新的光亮，一一带到了我的面前。

云深不知处

刘子睿

汽车的探照灯灯光如同两把雪白的利剑，把重重云雾刺破。车子颠簸着开下山前的土路，十分艰难地在山下的简易停车场刹住了，以一种让人担心的角度斜斜地扒着山体。车子熄火，远光灯灭了，橙色的车内灯亮起来。

我很小心地打开车门，把脚探出去，试了试下面凹凸不平的土地，确认安全之后，才慢慢地从车身上下来。我仿佛是扒在车上，因为车子倾斜的角度诡异。确认脚下是坚实的红土地后，我抬起头，看见一束手电的光从面前密密的树林里打出来，照在我们身上。

还没来得及问那是什么，一群身着哈尼族服饰的小孩子提着竹篮不知从哪儿跑了过来，他们有大有小，大的大概九岁或十岁，小的孩子只有三四岁。他们把我们家的车子团团围住，举起了手中的竹篮。

“叔叔阿姨！赶路累了，来买个鸡蛋吧！”

我这才看见竹篮里的东西——煮熟的鸡蛋。每个篮子都有十几个鸡蛋，圆滚滚的，在山里的夜晚好像雪白的珍珠。

“吵吵什么呢？”一道手电光照过来——是一位大叔。他驱散了孩子们，自我介绍说是我们预订客栈的伙计，是老板叫来接我们的。

大晚上的，山里没有路灯，何况还有大雾，唯一的光源就是大叔手中的手电筒。我们跟着他走进树林，树林里有一条弯曲的石子路。大叔告诉我们，要小心看脚下，否则会踩到牛粪。走出树林就是一个小村庄，拐过几个弯儿，就到了客栈。

到了客栈，吃过饭睡觉，那些孩子的形象却还在我的脑海中闪耀。那是一群多么可爱的孩子！只是在这深山中，不知他们是哪个村庄的孩子，就算是到早上去寻找，也是云深不知处。这些在大山里长大的孩子也许是吸取了大自然的灵气，所以那纯净的眼睛才那么像黑曜石般闪耀吧。此刻，我心里不禁后悔刚才没买几个鸡蛋。

我们来的这个叫作元阳的小地方是哈尼族的自治县，也是著名的梯田景区。次日的清晨，我们起来去客车站旁边的观景台看多依树梯田。

观梯田讲究个时间。一二月，梯田里没有农作物的时候，才能看到美景。而且，各处梯田观赏的时间各不相同。比如举世闻名的蓝色梯田景观，只在一天中早上十点整出现；又比如多依树梯田，只有在清晨太阳升起时才展现自己特有的风情。所有的梯田，都随着太阳的舞步而在一天的某个时刻献出自己最美丽的一面，随后，那美到极致的景色又会慢慢淡去。

在观景台上，我们很惊喜地看到了昨天的那群哈尼族孩子。他们看见我们，纷纷涌过来，举起竹篮请求我们买一个鸡蛋。

这次，我毫不犹豫地跟几个孩子都买了鸡蛋。妈妈叫他们来和我合影，孩子们愉快地蹲在我身边，摆好看的动作，让妈妈来拍。合影完了，我们就到观景台边上去拍梯田日出。

这时候的日出最为动人。二月的梯田中只有水，西天的月牙印在水中，在晨光的朦胧中仿佛一幅抽象的水墨画，静静地沉睡。

六点，太阳把山头照得一片通红，在热气中蒸腾而上，如一滴红色墨水悄然融入了黑白色的水墨画中，色彩在宣纸上渲染出丝丝纹路，交错蔓延成一团团红霞，梯田中倒映着的几百个“太阳”一起燃烧着。天边的红霞把颜料倒进了梯田中，如果有一支上好的白云山狼毫，便可以在西天雪白的月色中蘸墨作画。月亮柔和的银辉渐渐被驱散了，朝霞簇拥着红日向天中走来。小村庄的公鸡开始打鸣了，梯田中有几只鸭子“嘎嘎嘎”地漂浮在灿烂的云霞里觅食，身后拖着一条水纹。梯田中有了色彩，黑白红三色相辉映，在云雾中熠熠生辉。山中散落着的哈尼族的蘑菇房升起了炊烟，一天开始了。

我惊奇地发现，那些卖鸡蛋的孩子竟然也在认真地观看日出、虔诚地向梯田朝圣，就像托尔斯泰向文学朝圣，像梵高向绘画朝圣，像基督徒向耶稣朝圣。他们的脸颊上飞起了云霞，好像梯田中藏起来的一片天。

我问一个孩子：“你们喜欢梯田吗？”

那孩子点点头。她说：“梯田是我们的阿妈，我们离不开她。”

孩子们纷纷点头，用稚气未脱的声音告诉我，这片梯田是哈尼族的依靠，他们小时候就喜欢在梯田里跟着阿爸干活，“初春，燕子回来的时候，我们就会到田里劳作了。村子里一家插秧，左邻右舍都会来帮忙，那才叫壮观呢！”长大之后可以在梯田旁边卖鸡蛋，卖鸡蛋可以得钱，得了钱就可以去上学。

他们说，以前没有义务教育，没有钱就上不起学。现在这片梯田是多依树的宝，很多中外的游客过来，我们可以卖鸡蛋，用得来的钱去交课本费。

“你们喜欢上学吗？”

“喜欢！”他们这样说。他们又告诉我，虽然他们更加喜欢在山里和小伙伴玩耍，可是从小，大人就说，不上学就不能出息。

“山里好玩吗？”

孩子们又争先恐后地告诉我，山里可好玩了，有泉水，有野果子，有好多小动物。但是，他们最自豪的是这片土地上的云雾。一个年龄比较大的孩子说：“阿嬷说，我们元阳是天神喜欢的地方，所以才会像天庭一样有云雾。”他们喜欢在山里捉迷藏，因为有云雾的庇护，所以很难被找到。有个孩子很有学问地说：“这就叫作‘只在此山中，云深不知处’！”

我很快就和这群孩子打成了一片。他们很喜欢我，要我讲讲城市的样子。我跟他们讲学校、讲游乐园、讲城里的孩子们，他们都听入迷了。我说，城市的不少孩子还羡慕你们呢：可以在山里玩，玩一整天都没有大人管。

我得去下一个景点了。临走前，孩子们向我挥手，大声喊：“我们的阿嬷在老虎嘴的景区卖工艺品，姐姐记得买哦——”

看了一天的梯田，我看着车窗外奶油色的浓雾，觉得孩子们就像这梯田边上的云雾。他们都那么轻灵，像大山孕育的精灵！山野间回荡着他们的笑声，神出鬼没，自由自在。

傍晚，在老虎嘴观日落，木栈道上果然有不少哈尼族的老阿嬷。她们背着藤条篮子，篮子里是哈尼族的刺绣工艺品。民族风的背包、马甲、杯垫和披肩，五色的刺绣针脚又密又紧。老阿嬷都满面风霜，脸上的皱纹沟壑丛生，深得像美国的科罗拉多大峡谷。她们佝偻着背，向游客兜售着工艺品。那些美丽的刺绣的价钱竟然低得惊人！我有些惊讶，忍不住对她们说，这刺绣以这个价出售，实在是贬低了它们的价值。但不善言辞的阿嬷们只是憨憨地笑着，仿佛害羞的女孩子，轻轻地摆手，不肯多要一分钱。

老虎嘴的日落也有一种涅槃的感受。红日带着沧桑从天中西行，不是走向结束，而是走向重生。老阿嬷收拾起东西回去了。我们也上了车，回到客栈。

那些可爱的孩子也已经不见踪影，就好像他们是一缕游荡在山中的云雾，忽地一下就没了踪影，藏在山中，云深不知处。

第二天清晨，我们穿过林子，绕过了孩子们活动的地方，往下一个景点了。但那些孩子们精灵一样的脸庞、那无比虔诚地瞻仰梯田日出的样子，还有老阿嬷在梯田边佝偻着身子，扛着装有工艺品的竹篮爬上景区阶梯的身影，在我心里停下不走了。

他们就这样生活在这片红土地上，朴实的笑容无比清澈。阳光中的云雾里仿佛还听得见他们的笑声，让我怀疑他们是否置身其中。与这片土地融为一体，他们如此安宁，如此幸福。

（作者学校：广西壮族自治区南宁市民主路小学）

本文为2018第五届“北大培文杯”复赛第十场参赛文

我叫李泽妤，是来自北京育翔小学的学生。我活泼开朗、诚实乐观、自信独立。在校期间，我曾担任学校合唱团声部长和副团长职务，代表学校参加了北京市学生艺术节展演并获金奖，现任学校大队部宣传部长。我工作认真负责，做事细致专注，连年被评为西城区“三好学生”“优秀中队干部”，并获得过“红领巾奖章”。我爱绘画，多次参加全国书画比赛并获得金奖。我酷爱读书，科普读物、小说、漫画等都令我爱不释手。开卷有益，书丰富了我的知识，带给我美的感受和对生活的领悟。那些或真挚或美妙的文字赋予我灵感，让我在写作中渐渐地思路清晰、文笔流畅。在我看来，文学是一种美，也是一种艺术，只有用心地感受生活，才能领会它的真谛。

海边的风

李泽妤

海风徐徐，夹杂着由远而近的海浪声，盘旋在我的耳边。赤脚坐在沙滩边茅草屋的屋檐下，望着沐浴着阳光的棕榈树，我不由得眯起眼睛，扶了扶那快要被海风吹歪的帽檐，将视线转回了眼前泛着粼粼波光的海面。

由远而近的那道白线，将浮在海面上、显得略有些古老的渔船微微晃动着，桅杆上发黄的帆也被海风吹起来。此时此刻的海，随着海风的节奏轻轻舞动着，海面上为数不多的帆船用它们白色的身影证明着这一切。几只海鸥用它们的黑色的翅尖在天空这幅水粉画中划过，却留下几片棉花似的淡雅的白。微风像一位慈祥的妈妈，摇着蒲扇，轻轻抚摸着海，口中不忘唱着梦中的摇篮曲。

过了一会儿，天上的棉花被康斯太勃尔笔下的乌云替代，阳光被铲走了，取而代之的是吹走茅草和帽子的风。我把脚从被太阳晒得暖暖的沙子上收回来，聆听着海的小声呼啸和从渔船上传来的嘎吱声。棕榈树上，一条条叶子纵横交错，棕色的枝干也被一只无形的大手轻轻摇动。海燕仿佛知道这是暴风雨前最后的平静，从它们的栖身之地不约而同地飞窜出来，在空中随着风的步伐翻滚着，唱着勇敢者的歌。水中的鱼儿也听到了这振奋人心的鼓声，不甘落后地跳出水面，给海面洒上斑驳的波漾。风用它的双手拨弄着海面，使它开出一朵朵雪白的浪花。渔人们手忙脚乱地一起喊着号子，将他们那油漆斑驳的、被大海折磨得不成样子的渔船拉到岸上。

风用它的严厉训斥着海，是因为海的不听话？抑或是海的顶撞，使风失去了慈母模样？

淅淅沥沥的雨点掉了下来，落入海的怀中，激起一圈圈荡漾。海燕在空中更加欢快地歌颂大海，歌颂这暴风雨的凶猛。它们的每根羽毛都被这大雨洗刷得如同由金属制成的一般，闪着黑色的光泽。那黑色不同于眼眸中深邃的黑，是一种来自大自然的美，就像棕榈叶上的如同打了蜡质一般的绿一样。雨水打在沙滩上，打湿了那犹如阳光一般的金黄，积起了一洼洼的水坑。

常有人说，雨是天上的泪，但雨又何尝不是风对海的思念的泪呢？慈母对游子的思念与关怀，是世界上最美的深情。这暴风雨，也自然而然可以理解为一位慈母思念远游四方的儿女的泪啊……

“滴答，滴答……”几滴水珠顺着茅草屋檐滴在我的鼻子上，将我的思绪拉了回来。耳边回荡着海浪的歌声，我看到，阳光透过那从白渐变到灰的棉花，用喷雾器将温热的柠檬汁洒在万物上，为它们披上了一层黄金的外衣。仍是那微风，仍是那由远而近的白线，仍是那些白色的帆船，只不过，海鸥又用它们那神奇的黑画笔为天空增添了一抹湛蓝。

（作者学校：北京市西城区育翔小学）

本文为2018第五届“北大培文杯”决赛参赛文

李富泽，2005年出生于深圳，就读于深圳市园岭小学。从二年级起即进入校管乐团，担任铜管圆号主力演奏员。参加了历次比赛活动，多次获得市级荣誉。2015年随团获得深圳市第十届学校艺术展演季一等奖，2017年随团参加深圳市莲花山草地音乐节演出活动。从小热爱阅读，历年来每周的校本课程一直参加的是园岭小学语文教师、深圳市福田区小学语文首席教师、著名儿童阅读推广人李祖文老师的中文绘本阅读课程。

帆船之旅

李富泽

大堂里，异常安静。

写字的沙沙声如蚕食叶，在大堂飘飞。我思绪万千。不知此次比赛过后的帆船夏令营，是否还能让我记起上一次的帆船之旅？于是，我决定执笔写下那难忘的经历，让它在记忆里永远地熠熠生辉。

那年夏天，我参加了一个帆船夏令营。

这个夏日，有点不一般。暴烈的阳光几乎可以让人蒸发，地面的马路仿佛都被晒化了，蒸腾在空气中，化成轻烟缕缕。我们经常在训练中叫苦不迭，痛斥太阳的无情。但当时谁也未想到，后来的我们竟是如此地渴望太阳给予我们灿烂的阳光。

训练的第三天，海面上依旧如往常一样风平浪静。海浪似一双柔软的手，轻轻地推着帆船。海水在阳光下鳞光闪闪，似撒上了一层碎金。尽管阳光依旧暴晒着，但是海风早已将躁动的心抚平。我当时还满是期待地笑着说："要是海风再大点，更过瘾！"教练也随声附和道："是呀！风再大点多好！"

我和教练一边驾驶帆船，一边有说有笑地谈论着。谁也未曾想到，一场"灾难"正等待着我们。

经过几轮训练后，我下船了，轮到另一位小伙伴上船，我也愉快地坐在沙滩上堆沙堡。海鸟拍着宽厚有力的翅膀，忽高空展翅，忽贴着海面与海浪跳舞，好不自在。波浪由远而近，轻轻柔柔地拍打在沙滩上，当它到达沙滩时，像一条纯白的蕾丝点缀着，想伸手去拉扯挽留时，它却调皮地从指尖溜走，只留下悦耳动听的声音撩拨着你的心弦。海上玩帆船的人们，一个个的脸上笑得像花朵儿；沙滩上的人们，也玩得不亦乐乎。

玩着玩着，疲倦感渐渐地在体内游走，也许是因为训练累了，我便停下享受这欢乐时光，走到远处的木椅，想躺着休息一会儿。身处的一切是这般惬意，耳朵只听到了海风与波浪的嘈杂声，海风里夹带着的“海的味道”充斥着鼻腔。不知不觉中，我进入了梦乡。

可，待我醒来时，已是面目全非——恐怖的台风来了。

海滩边躁动异常。天空密布着乌云，热辣辣的骄阳一点踪迹也没有。平静的海面，早已波涛起伏，巨浪翻滚，或海或天，满是狰狞的面目。海边的人都无法直立，只觉自己如空中随风翻飞的枯叶，既无力也无助。这样说“翻脸”就“翻脸”的天气，第一次碰到，恐惧也随之漫过心头。转眼间，海面上所有的帆船都消失了，只留下白茫茫一片。所幸经救援队的救助，所有人最终都幸运地被救上岸来。

台风夹带着暴雨，不停地嚣张地拍打着窗户、大门，似要把我们一口吃掉。门窗摇晃着——都怕它们撑不过这台风。我们哪儿也去不了，训练更不用说了，只能待在木屋里等待天气好转，祈祷起风以前那毒辣辣的太阳快快回来。

这就是上一次的帆船之旅，时至今日，每每想起，我仍感叹不已。航海之旅突遇台风令人恐惧，然而假如一直如起风以前般风平浪静也不合适：也许至今起风以前的平常生活中的一些美好事物，其存在的价值会经常被我忽略；也许至今我尚不知生活中习以为常的一切，竟是这般的美好与珍贵。

庆幸的是，这些浅显易懂的道理，在起风以后，我懂了。

我觉得诗歌《起风》中有两句话可以很好地概括两个道理——起风以前的阳光和云影容易被忽略，仿佛它们没有存在的必要。起风以前穿过树林的人，是没有记忆的人，一个遁世者。

（作者学校：广东省深圳市园岭小学）

本文为2018第五届“北大培文杯”决赛参赛文

我叫陈安旭，就读于福州市阳光国际学校小学部。

个子和年龄都比同学们小的我，因为性格开朗、乐于助人，被大家亲切地称呼为“旭哥”。在阳光国际学校的六年里，老师们教会了我做人、学习、生活、管理……通过老师们的辛勤教导和我的努力，我的成绩一直名列年级前十。

我擅长电脑操作，酷爱国学吟诵。现担任“福娃吟诵团”团长。曾被评为校“三好学生”、马尾区“优秀少先队员”、福州市“优秀学生干部”等。

我热爱文学。我认为，文学是人类情感的输出口，人类通过文学作品可宣泄真实的情感，亦可陶冶情操。文学就像大自然一样神秘，让我情不自禁地一直探索下去……

我们家的“读书链”

陈安旭

我们家有一条整整齐齐的“读书链”，从小就在这条链上长大的我，就像一条遨游在书海里的“小鲨鱼”，无比地自由、快乐……

三十年来，我的外公一直守着一家并不起眼的小书店，但他乐在其中。外公是个“大书虫”，把店里的所有书都“蛀”了个遍，尤其是那些关于革命、历史类的书，他最喜欢看了。他的脑子里似乎装满了上下五千年里所发生的大大小小的事件。他最常说的名言就是：熟读唐诗三百首，不会作诗也会吟。我们家“读书链”的领头军就是他了！

在外公的统领下，环环相扣的“读书链”就此诞生了。舅舅、妈妈和阿姨三兄妹最早连接上了这“读书链”。他们每天放学后，都喜欢往外公的书店跑，把好看的书紧紧地揣在兜里。现在我家的书柜里还珍藏着当年他们三兄妹为了争先抢看而大打出手的好书呢！那老土的封面，颜色早已泛黄，以至于都看不清书名了。打开它，扑鼻而来的是一阵阵陈年的纸香和轻微的霉味，这气味瞬间产生了化学反应，就像一种魔力，把我深深地吸引住了。真难以置信，这封面土到掉渣的书，内容却如此精彩，文笔清晰简洁、故事多姿多彩……难怪妈妈百看不厌。

舅舅、妈妈和阿姨环环紧扣着外公的这条“读书链”，后来不但没有掉链子，还增加了安润、安潼、安钧和我四个“小环扣”。我们四个“小环扣”，从小就连接上了这个家庭“读书链”，从牙牙学语开始，舅妈就带着我们在书店里打转儿，从《宝宝识字卡》到《喜羊羊与灰太狼》，再到《西游记》《水浒传》……知识越来越丰富。也正是因为这样，我早早便认识了许多汉字。在我上幼儿园中班的时候，我就会教不识字的外婆认字，帮老花眼的外公读报纸，如果有些字我不认识，外公就会戴上老花镜，然后很耐心地教我，不知不觉中我又进步了许多。所以，我一直都很肯定“书籍是人类进步的阶梯”这句话。有趣的是，爱看书的我们在店里经常充当“小偷”的角色。每天下午六点半，外婆就会催促我们四个“小环扣”先回家吃饭，在书海里意犹未尽的我们，准会各自瞄准心爱的书籍，然后相互使个眼神，互相掩护着，手脚并用地把书当成火箭，瞬间发射到我们各自的腋下，使出九牛二虎之力夹紧，生怕心爱的宝贝掉了，然后就撒娇卖萌地说：“外婆，我们回家，我们回家……”其实，我们的内心里早已心花怒放。

每天晚饭过后，我们家就会吹响这条“读书链”的集结号，大大小小的“环扣”都不约而同地坐在了大沙发上，读起了各自心爱的书。书中的精彩故事可以让大人们消除一天工作的疲劳，也可以让繁忙又紧张学习中的我们感受到轻松和快乐。

爱读书的外公、舅舅、舅妈、妈妈、阿姨、大姐姐、小姐姐、哥哥和我都是一个个“环扣”，紧紧地连接成一条家庭式的“读书链”；就连没有读过书的外婆，在我们的熏陶下，也认识了许多汉字，快要连接上这条“读书链”了。我们都很享受读书带来的快乐。就像莎士比亚说的：“书籍是全人类的营养品。生活里没有了书籍，就好像没有了阳光；智慧里没有了书籍，就好像鸟儿没有了翅膀！”

（作者学校：福建省福州市阳光国际学校小学部）

本文为2018第五届“北大培文杯”复赛第二场参赛文

我是饶楚寒，来自北京市昌平区第二实验小学。我爱阅读，热爱大自然。对于一个极富有好奇心的人来说，每一朵在空中悄然绽开笑脸的柳絮，每一缕透过树叶散落的细碎阳光，每一丝薄纱般缭绕在周身的果香，每一片哪怕生命转瞬即逝也要精彩华丽的雪花，都是美妙而值得玩赏的。

而文学在我眼里，是源自自然的，这也是为什么我时常因它而忘我。它是每一个人挥起自己手中的画笔，以不同的心境与想法，对自然的真挚描摹。或许是因为文字赋予了原色的自然别样的色彩，又或许是自然从一开始就好似清澈的湖水，在阳光下泛着粼粼波光，如一尘不染的明镜，映着世间的万物，记录着一切变迁，蕴藏着世上最吸引人的魅力。

相　应

饶楚寒

你是幸运者。

你被自然偏袒爱护：它任由你夺走了世间万物的灵气，集于你一身。我只看到你眼睛宛若繁星，透亮却又深邃，看到你似梅花鹿一般清秀温婉的脸庞，看到你如同苍鹰一样矫健修长的身躯，可我不知的是，自然赋予了你怎样的个性？

我常见你宛如天鹅的气质：心高气傲，从骨子里透出一种优雅。可我又常能看到你像夏日里在清清水池中嬉戏的金鱼，灵动活泼，亲切可爱。你犹如“出淤泥而不染，濯清涟而不妖”的清雅莲花，悄然做花中君子，却又好似“千磨万击还坚劲，任尔东西南北风”的细细绿竹，与命运相搏，顽强不屈，气魄令我震撼而又敬佩。

我好奇地问你：“是不是因为你身上有了世界中所有的特点，才丰富了自然，使之五彩缤纷？”

你似笑非笑，纠正我：“不，是自然赋予了我一切，让我有了生命中绚烂的色彩。”

我不懂。

你说的有理，可我说的也无错，不过就是将你和自然颠倒了位置，有什么区别？

那日，你置身于青葱林间，唱起一首清脆绵长的歌谣。在一片使人着迷的幽幽绿光之中，你仿佛也陶醉了。茂密的树叶随那带着丝丝清香的风儿摇摆，宛若在频频点头。它们迎合起你的曲来。但是，是你跟随着树叶清唱，还是树叶迎合你的歌声，我说不清。

是由歌声开始的先后决定么？

似乎不是。

是因谁的情感深度决定的么？

好像也不是。

你说，这是你与自然间的相互呼应，不是如我这样区分的。

我摇摇头，不明所以。

是因为你和自然间究竟谁成就了谁、谁创造了谁之间的不确定吗？是因为你和绿叶之间，分不清是不是你为树叶而哼唱歌谣吗？我想不出别的原因，只是觉得你与大自然之间的关系奇妙而又令人费解。

但我逐渐发现，在天鹅不紧不慢、高昂着头划水时，我找到了你的影子；在片片竹林之间，我仿佛瞧见了你笑意盈盈的脸庞。正如同我看着你，能毫不犹豫地联想到它们一样。这——大概就是你所谓的呼应吧：我看着你，想到它；瞧见了它，又浮现出你的身影。

自然赋予了你个性？不错。但同时，你与自然中的一切生灵相映生辉，为自然描绘了又一种独特的色彩。青绿的叶片和你，谁为谁而歌？并不重要。重要的是，你们有着可以相互沟通的渠道——一支悠悠的歌谣。

一呼一应，美不胜收。

（作者学校：北京市昌平区第二实验小学）

本文为2018第五届“北大培文杯”复赛第十场参赛文

周家有女初长成，自幼酷爱诗词章。颜如舜英，静如处子，清扬婉兮，巧笑倩兮。学易安居士，在诗词歌赋中再现芳华；慕道韫文姬，在文学桃源尽情遨游。

我是浙江省温州市第五届“小文学家”获得者、苍南县第二实验小学的副大队长周方圆。“腹有诗书气自华，最是书香能致远。”大量的阅读丰富了我的精神世界，提高了我的写作水平。“片言可以明百意，坐驰可以役万里”，笔耕不辍让我在写作的道路上如沐春风。

我的瓦尔登湖

周方圆

梭罗的瓦尔登湖是他的圆心，不管别人的生活方式有多少，他只会选择那宁静的湖水。哪怕梭罗的瓦尔登湖有着天使般纯洁的圣水，也只是他处的风景，我不在乎，只因我有我的世界和生活。

午后的阳光温暖得恰到好处，静静透过银色的窗纱。一丝一缕的柔情似春水，包裹着我的心。桌前零散的信笺，以及披落肩头、如瀑布般泻下的黑发，都被不慌不忙地染成一层灵动的金色。

这个本该美好的下午，似乎太令人怅惘。我停下手中的钢笔，起身，迷茫地走到窗前。“砰！”是什么掉了？不用回头也知道，肯定又是妹妹的玩具！随即扯起无声的苦笑——这个飞来的妹妹已经让我受够了！

在二胎放开之前，我这个独女一直是周家的掌上明珠——全家的宠爱集于一身。一家人整天围着我一个人转，我也尽情享受着这般宠溺，对千金小姐的生活颇为满意。而现在呢？我“分分钟”被打入冷宫。昨晚，妹妹一个不小心栽下床头，引得全家大乱。我急得飞奔过去，膝盖被床脚撞得生疼，嚎了几声便憋了回去——这种时候，没人会理我的！我忍痛挤进去，却被无情地推开：“去去去，别添乱！”我默默地拐回了房间。

这八个月来，我从激烈的抗争到默默地承受，不管从生活上还是心理上，都已经艰难地蜕变成一个“姐姐”。第一次一个人睡觉，第一次一个人买早餐，第一次一个人上学放学……我的生活有了翻天覆地的变化。那我的人生呢？我的梦想呢？窗外，几只麻雀放肆地落在窗棂上，叫得人心烦。

我曾梦想着去巴黎留学，待我事业有成，便把父母接去常住，安享晚年。可父母并不同意，甚至不希望我远嫁，异国求学梦就此作罢。我眸光一亮——天上掉下个小妹妹，我的巴黎梦不再遥远！我既不舍放弃梦想，又不愿弃至亲于不顾，妹妹不就大派用场？待我在异国奋斗，妹妹可代我尽孝双亲；待我学成归来，妹妹便可大胆追梦，鱼跃鸢飞，自由自在！

碧天柔云，阳光愈发耀眼，正如我的心情，豁然开朗。妹妹改变了我的人生轨迹，更使我的生活丰富多彩。放学回家，总有人兴奋地期待我的归来：一开门，便有一朵如花的笑靥，伴着芬芳的奶香绽开，四颗稚嫩的小牙便随之露面；一见我，便挣脱奶奶的双臂，小鸟般挥舞双臂，以她独特的方式欢迎我。这时，便有一丝丝甜蜜潜入我的心田，一份责任感油然而生——我是姐姐！我的脸上不再稚气未脱，而且漾着阳光般的笑容。

生活方式多种多样，而我的心中已有牵挂、已有选择。独生子女的生活离我而去；二胎时代，迎来的是同胞姐妹的血缘亲情！待我们长大，一同去追寻心中的瓦尔登湖！

（作者学校：浙江省温州市苍南县第二实验小学）

本文为2018第五届“北大培文杯”复赛第十四场参赛文

大家好，我叫刘佳妮，我对文字很感兴趣。汉字的灵性是其他文字远远不可比拟的。印象最深的文字是《红楼梦》中描写林黛玉的一段话：“两弯似蹙非蹙罥烟眉，一双似喜非喜含情目，态生两靥之愁，娇袭一身之病。”一位娇弱的大家闺秀形象跃然纸上。我不仅痴迷阅读，也十分钟爱轻音乐，最喜欢“The Shape of Water”。我还喜欢传统汉服，喜欢汉服交领右衽、罗衫锦帛，绝世无双。这就是我。

窗外阳光倾泻

刘佳妮

奶奶老了。那个牵着我的手走过十个春秋的最爱我的人，老了。

奶奶的卧室位于我们家的东北角，多数时候，那里是空的。毕竟，奶奶老了，她说她听到噪声就难受，城市的喧闹和乡村的安宁是无法比拟的。为了照顾她的感受和她那劳累了几十年的内心，爸爸妈妈同意了她的要求——在老家居住。奶奶的那间屋子就变成了一年半载无人居住的房间，变得异常冷清，虽然妈妈每天都把那间屋子打扫得一尘不染。只有在节假日的时候，奶奶才会过来，多数都是第一天才来，第二天一大早就回去；偶尔在不喧闹的日子里，奶奶也会连住几天，就像今天。

进门的时候，奶奶就表示她会在这里住几天。听到这个消息，我很开心，非常的！

发现奶奶不对头的那天，是奶奶住进家里的第四天深夜。

那天深夜，我起床上厕所，经过奶奶那间阴冷的屋子，听到阵阵拉风箱般的咳嗽声，连续不断，像是要喘不过气来。听到这般强烈的咳嗽声，我慌了，赶忙去厨房里倒了一杯温水，放在奶奶的床头。我轻轻地推了推奶奶羸弱的身体，把那杯温水递给奶奶，让奶奶喝下。在奶奶喝水时，我认真端详奶奶的面庞：奶奶脸上道道的皱纹，是她历经沧桑的印记吗？那花白的头发，在柔和的灯光下闪着银白色的光。总之，在那天深夜，我深切地感受到：我亲爱的奶奶老了，需要我们照顾了。

后来的一天，我问爸爸："爸，奶奶为什么老是咳嗽呢？"爸爸说，可能是奶奶的屋子比较阴冷吧。我说道："把我的房间和奶奶的房间换一下。"爸爸说："傻姑娘，虽然说你的房间朝阳，但是我们住的是三楼，换到哪儿都没有阳光。不过，爸爸可以告诉你，我们早就要她跟你换了，可是你奶奶死活不同意，说你上学辛苦，朝阳的那间留给你。唉——"爸爸叹了口气，补充道。我一下子愣住了，一时无语。从那时起，我开始想办法为奶奶带去阳光……

我试过把奶奶的被子在太阳下暴晒，让它充满太阳的味道；我试过用镜片把太阳光反射到奶奶的房间内……我试过无数种方法，但都没有理想的效果，我很懊恼。我想要把窗外的温暖阳光收集起来送给奶奶；我想要把窗外倾泻到地上、房中、树叶空隙间的阳光，让人备怀希望、重拾信心的阳光，代表人间美好的阳光收集起来，让它们包围着我爱的、爱我的奶奶……

没多久，奶奶回老家了，她给我留张字条：亲爱的孙女，谢谢你为奶奶做的一切。说实话，你只要经常回来看奶奶，奶奶就知足了，因为我能从你眼睛里或任何一个身体部位，找到奶奶想要的、温暖奶奶心的阳光。

亲爱的奶奶，以后，让我们伴着温暖的阳光，在以后的每个十年里濡沫相许。

（作者学校：江苏省宿迁市泗阳县育才双语学校）

本文为2018第五届"北大培文杯"复赛第七场参赛文

李欣禾，南京师范大学附属中学江宁分校学生，爱好舞蹈、阅读和写作，曾经荣获“江苏好少年”称号、全国中小学生创新作文大赛初赛三等奖、南京市中小学生第六届“好书伴成长”征文比赛一等奖等。她喜欢读书，经常沉浸在书中的世界；也喜欢与人交流，开朗地表达自己对生活的体验与看法；同时还是一个异想天开的孩子，经常有很多奇思妙想。对于文学这门学问，她还只是一个在门外张望的孩子；里面的世界丰富多彩，她渴望走进去，也一直在努力！

下辈子我要做块石头

李欣禾

听大人说，每个孩子小时候都会有“抓周”仪式：就是在小孩子一周岁的时候，在小孩子的面前放置几样东西，分别代表几种不同的人生志向，然后让小孩子随意去抓其中一样，从而判断这孩子长大了大概喜欢做什么。抓糖就是吃货，抓玩具就是个贪玩的孩子，抓笔便可以成为学霸。我小时候抓了糖，因此让家人很失望。现在想想，跟笔比起来，我大概十岁、二十岁时依然还是会抓糖——谁不希望自己甜甜地过一生呢？难道家人希望孩子们写一辈子字而不是吃一辈子好吃的东西？不懂。而且我发现，不懂的事情越来越多了。

三岁时，我们都开始上幼儿园。我都记不清我小班时到底哭成了什么样。爸爸说，我每天醒来第一句话就问：今天能不能不上幼儿园？接着就是洗脸哭、吃饭哭……被大人硬拖出门外，哄骗到幼儿园门口时，就问：能不能第一个来接我？在幼儿园的一天里，我时时刻刻都在盼望着被接走。我天天想：妈妈为什么那么狠心？我都哭得憋气了，为什么她还是把我推给老师转身就走？为什么妈妈后来还告诉我说，她转身走的时候自己也在流泪。我就在这种不懂中煎熬完了幼儿园小班。

六岁，上小学了，开始有一大堆的规矩和各种各样的作业。我突然发现，我是那么地怀念我的幼儿园——每天吃、睡、玩，我为什么要哭？不懂。

小学三年级以后，我们大家都开始忙碌于“上班”：周一到周五在学校上学，周六、周日满大街地赶着“上辅导班”。家人总说：你以为我想给你报名啊？那么贵，而且我接送陪你难道不累吗？这都是为你好！哦……都是为我好！为我好，所以要让我学的比别人多、比别人快；为我好，所以我的班更贵、人更少、被老师盯得更紧；为我好，所以报班比别人更多，既要吹拉弹唱琴棋书画，又要语数外齐头并进；为我好，所以要让我“吃得苦中苦，方为人上人”。我不懂，为什么让我更累就是为我好的方式？我不懂，为什么优秀必须伴随着艰辛？我最害怕的就是“为我好”。

我想下辈子做块石头，不懂得爱，不用被爱，也不用回报爱。不需要家长想方设法地为我好，也不需要家长一边为我好、一边又心疼我，不需要为了优秀而辛苦地努力、努力再努力。就做一块躺在路边的普通的石头，长得斑驳甚至凹凸不平，不怎么好看，但孩子可以随时爬上来玩，路人可以坐下歇歇脚，随时来又随时离开。不需要人照料，不需要人以“爱”的名义绑架我，多好！

（作者学校：南京师范大学附属中学江宁分校）

本文为2018第五届“北大培文杯”初赛参赛文

大家好，我是邓雅兮，爸妈祈愿我性素雅、识博雅、有雅趣、兼雅量、得雅誉……

懵懂稚童始，四面学艺中。近三年的台湾美育音乐素养，两年半的小提琴专业学习，八年的美术熏陶，还有类别繁多的实践体验活动、最不能停的课外阅读和写作……我努力在长沙市育才小学散发出微弱的光。

文学是我的光之源。我相信，文章的灵魂是它所表达抒发的情感和思想；真正的写作，是捧出赤子之心的烂漫才华、坦率心性，于纸上将那温暖真情娓娓道来。

我言纸语

邓雅兮

冬雪初霁。闲坐在窗旁，桌角的纸篓已堆积下许多颓然的白色，映入初冬的色彩，引人遐想那一纸一笺与生命千丝万缕的种种牵连相依。

宣纸上瘦笔挥毫的，是水墨流连晕染的古韵；折纸中柔荑翻转的，是白纸交织重叠的姿态；本册上字里行间，是笔记详略有致的呈现；剪纸里纹理细腻，是刀尖巧妙精致的技艺。纸，扎根在庸碌生活的深处，扶持着每一人，深根自养，忘我自献，宽容深远。纸，是忙忙碌碌中琐碎的平凡。

多少次，你信手丢弃一张涂画寥寥的素纸，像拾捡杂物那样无心；多少次，你随意扔下一方不施笔墨的便笺，如掸去尘土那样冷淡。人们的漠然已于日复一日中成为习惯，于是纸篓里本应更好利用的白纸堆积如山，我亦麻木无感。

纸的纯白，是最朴素平庸的色彩，不露圭角与锋芒，却暗藏着光谱里全部的成分。白很简单，然而白的背后有那样纷繁复杂的颜色。人们却只见白色质朴的表面，忘记了纸的宝贵，忘记了纸的来之不易，一言一瞥中肆意挥霍得漠然，那样理得而心安。

一纸洁白，承载着那么多感怀——从沐浴暖阳、枝叶葳蕤的青树，至锯成段段木桩在工厂里等待；从纸浆淋漓浸润看不见的眼泪，至晾晒毕后终至手中的平坦。曾经于那被砍伐的秀木里看见它的年轮，圈圈勾勒出岁月的沉淀。它的根须曾在泥土里伸展，枝叶在空气中张扬；它曾看见草长莺飞、仲夏繁花，亦曾看见层林尽染、白雪皑皑。它的生命，虽无舞弄清影的轻盈步态，却又怎甘舍弃了静好，沦为造纸利益中的尘埃？

在这科技先进的时代，高楼市廛里游走的人群皆浸染在冰冷里。不再有“水光山色与人亲，说不尽，无穷好”的宁静，云卷云舒湮没于烟尘滚滚，露浓花瘦零落为钢筋水泥，如今面对自然的无奈与痛楚压抑着我们的心。但咎由自取，若非从一张被随手扔进纸篓的空白便笺，到关于环保苍白无力的哀思呼吁，自然本应安谧美丽，万物有灵且美。

思绪游移回到这方窗台。我，将那纸篓里的颓然的白色拾起展开，它们依旧是一张白纸，依旧承载着那样多的怀悟；然而这小小的白纸深处，那看似平整无瑕、实则暗涌四伏的薄薄纸张里，潜藏着多少危机？在白纸被随心所欲地弃置的同时，林中秀木正被砍伐，自然亦任人剥削和建设。那么，便从这一方素色纸张开始，真诚相待千万树木生命的奉献。庸碌麻木的生命，也在这一刻回归本真。

（作者学校：湖南省长沙市育才小学）

本文为2018第五届“北大培文杯”初赛参赛文

链载情思

邓雅兮

莺时葱茏与初夏悠长交叠起来，岁月的感怀自腕上一根细窄的链铺开。思绪旖旎了一径的幽芳，链载光阴，链载情思。

有时候会这般模样地想起，那条细细的手链初至我腕上指尖，已不知是多少年前。

很小时，我便爱在雨天嗅闻信纸淡淡氤氲的墨香，爱与远方信笺的来往。即使那时，亦少有人写信了，我渐渐长大而渐渐失望。那手链是在牛皮纸信封里寄来的，我曾如是想：笔纸也像链，将天各一方、遥遥相望的我们聚集。我爱那青笺墨渍的亲切美好，爱那串手链里蕴藉的团圆味道。信的传递缓慢，但被链一般的信纸紧紧聚拢的是质朴的笑。指腹摩挲那细链，正如信来信往般连接了我们彼此的温暖依靠。信那无形中的长链承载了我多少热望。

手链缠绕在腕上，沉淀于心底，镌着信纸曾给我的像链那样相连的真情。

树的年轮再多几圈，信与邮筒已像是上一个年代的遗落，在这个节奏转快的时代里被人们忘记。人们皆惯用另一种“链”的方式：屏幕与键盘，通信与社交软件，成为新的链条，将人们的信息更快捷方便地传达。寥寥几字的数秒钟的编辑与传递，似是而非地将我们连接得更加紧密。是呵——人们不再愿意书写，亦不再愿意等待。在忙碌与烦琐里，心与心变得麻木、变得疏远。

人们却仍以为，这是新型而先进的链，是这日新月异的时代里进步的产物。

瞥一眼腕上的细手链，那真实的质感与触感给我以安心的感觉。它如旧的信纸般古老，却断弦裂帛般缱绻依随。我想，信的链条亦如是，虽缓慢，却能感知到墨水浸透纸张的碰撞，能触及瘦笔下的文字如雨花般绽放，能体会那亲手写下的喜怒悲欢，能真实地像一条链那样将心连接在一起。这是网络的链条所无法给予的，是这信息时代所无法给予的。

将思绪收回，瞥一眼腕上的手链，良久无言。多想找回那与这条细链一起给过我希冀和热望的无形却真实的链，多想重新拿起笔墨向远方送去一纸问候，多想回到从前慢而宁静的生活，以这样的链，传递光阴，传递情思。

（作者学校：湖南省长沙市育才小学）

本文为2018第五届“北大培文杯”复赛第二场参赛文

有一个女孩——一个懵懵懂懂的六年级小学生，周围人都说她，“不愧是南京雨花实小的孩子，有教养，成绩也好！”她，便是我，沈天钰。

我是校合唱队的一员，喜欢弹钢琴，偶尔也会摸摸长笛、口琴什么的。四季有四种风，我想，我便是那夏风：总是饱含着热情，有着钢琴般的韵律，有着温和与暴躁的两面性格，却依旧能讨人喜欢，令人刮目相看。

你若问我：“文学是什么？”或许，于我而言，文学便是那秋风：多愁善感，总能在每一个无意间抓住你的心，使你喜欢上她，发现她的美。于是，我，这个女孩，就爱上了她。

剪　纸

沈天钰

作业终于写完了，我伸了一个懒腰，心里满是胜利的喜悦。欢喜完了，我便有意识地开始收拾起书桌上的那些废纸。这些纸堆在桌脚边，一层又一层，纸堆下面是试卷，试卷下面……我摸到了什么？是一张普通而又脆弱的剪纸。我似乎想起了什么……人，一下子愣住了。

我仿佛回到了一年前的那个冬天。窗外一片银色，大雪纷飞，轻如薄纸，白似柳絮，虽渺小，却有着强大的力量。弟弟与往日不同，不再调皮捣蛋、与我作对，而是在房间进进出出，忙个不停，后来又突然待在书房里不出来了。我耐不住好奇心，便悄悄地来到房门前，透过缝隙静观其变。

屋内，弟弟轻轻地拿出了一张彩纸，手握着一把锋利的剪刀，“咔嚓、咔嚓”地剪起纸来了。原来是在忙这个啊！弟弟往日那顽皮的身影似乎不见了，此刻的他认真、专心、沉稳、可爱。不过，再看看他的成果：几个坑坑洼洼的大洞，不平滑的边沿……模模糊糊的，勉强连起来一看，也许、大概、可能是只小动物吧。我本以为他会满意地看着自己的“作品”，得意地笑笑，再向我炫耀一番。可事实却恰恰相反，弟弟认真地检阅着，左看看，右看看，这儿剪剪，那儿修修，一遍又一遍，最终摇摇头，放在了一边，慎重地又抽出了第二张……第三张……一次又一次地剪着，一点一点地进步着……他这样高要求地对待自己，我还是头一回见呢！

“哎哟！”弟弟叫了一声。刚刚一不留神，那把锋利的剪刀戳到了他的手指！没出血，却留下了一个小口子。寒风从窗户缝里溜了进来，弟弟稚嫩的小手越发红肿。他没事儿吧？别那么认真了！想着想着，不知为什么，我竟有些感动，泪都快溢出来了。一时间，那张普通的剪纸似乎美了不少，多了一份可爱、一份精致、一份情感。

我生日那天，好多人都给我送来了礼物：精致的手表、华丽的长裙、昂贵的饰品……各式各样，美不胜收。最后，弟弟拿着一个信封，忸忸怩怩地来到我的面前，胖乎乎的小脸不知为什么一下子红了：“姐姐，祝你生日快乐！”他把信封塞在我的手里，一溜烟儿地跑了。我拆开一看，才发现是一张剪纸。蓝色的，是我最喜欢的颜色。好像是只卡通狗，那是我的属相。乍一看，有几分像，还有点可爱：两只耳朵，一大一小；眼睛是用黑笔画上去的；没有鼻子；嘴巴咧得大大的，似乎在笑。边缘依旧是那么粗糙，身体上还有道折痕，好多瑕疵啊！可我却最喜欢这份礼物，它很普通，很朴素，但很美丽，是由内而外的美，是真实的美，是真挚的美。

纸，很平凡，但当它被赋予了一份情感时，便不再平凡。

（作者学校：江苏省南京市雨花台区实验小学）

本文为2018第五届“北大培文杯”初赛参赛文

把自己伪装得滴水不漏，不怎么懂得与别人相处。十二岁别扭的我有千千万万的姿态可以展现在别人面前，却没有一个人能真正站在我身边，倾听我孤独淡漠的心声。唯有文学与文字，给予我所爱的真挚和自由。

我叫徐艺嘉，出生于北京，就读于北京市西城区师范学校附属小学。明明是个二次元控，却活在三次元；明明患有中二病，却装得一本正经的靠谱；明明是个画渣，却喜欢一笔一画地描摹所爱的世界；明明是个学霸，却好像从未认真地碰过一本书。

最爱 Alan Walker 的歌，最爱日漫，最爱东野圭吾。愿以写作予你真诚坦率的我，许我真诚的初衷、纯白的世界。

渺小的我，没有改变命运的权利

徐艺嘉

独自躺在犄角旮旯，恍恍惚惚之中开始做梦，那是一个很久远、飘忽迷离，却清晰如昨日一般的梦。

——题记

五岁的初遇

你也许都不记得了呢，我们的第一次见面是在教古筝的苏老师家里。

那年你五岁，在歪着头打量了我许久之后，像只不知疲惫的小麻雀似的，兴高采烈地把我抱回了家。那个时候，我内心里真实地充满了不可言喻的幸福。因为，我看见了你闪烁的眼睛：那不是深邃的谜题，而是一汪浅浅的小水洼。我所察觉的，只有清亮的纯澈和斑斓的热情。

你说过，你会永远珍爱我、永远记得我、永远陪伴在我身边。这是一个孩童最真挚的誓言，我从未怀疑过，像对待稀世珍宝一般铭记在心中。

可是呢，你却失信了。

你忘了我，丢弃了我。

但最起码，让我知道为什么也好啊！

为什么？

为什么在我身上铺盖上了枷锁一般的布套？为什么任凭我原本古朴华美的琴身上落了尘灰？

一个天真稚嫩的小天使曾向我发誓，可逐渐走向成熟让她在时光的不息川流中收起洁白的翅膀。天使不复存在了，誓言被日渐淡漠。然而我，仅仅听见了自己心碎的声音。

在冰冷的墙角，我埋藏着心底的失望许下心愿。长大，并不意味着你对我的热情会变质。

所以，我希望，你能再一次记起我来。

因为我只是一架渺小的古筝，我没有改变命运的权利。

我渴望得到爱，这算奢求吗？

七岁的演出

我永远都没办法忘记那个“灰色的下午”。冥冥之中，我有一种直觉，仿佛就是在那时，那个珍爱我的小天使放弃了被玷污的翅膀，堕入凡间。

你不是穿着国风礼服走进会场么？不是紧张到不发一语么？不是默默地盯着心率持平在150bpm的手表屏幕发呆么？

当磕磕绊绊的《丰收锣鼓》从你指尖倾淌洒出时，那一刹那，我有点诧异，这不是你应有的水平啊！看着你发红发烫的脸颊，我莫名觉得心疼和难过。

尴尬窒息的沉默，你低垂的头，说明了一切。一秒、两秒……我数了一下，一共九秒。

你的演奏，中断了九秒。

你的视线里，我的红弦此刻也许夺目刺眼，氤氲弥漫在整个世界吧；又抑或，黑暗中残忍的殷红将你拽回了灼痛的现实。

我看到的，有一丝慌乱、一丝麻木、一丝恐惧，覆在了清晰见底却也有了一定深度的小溪流之上。

最后一个音飞离了琴弦，台下静悄悄的。那时，我仅是隐隐意识到你第一次登台发挥失常了。现在想来，说多了都是悔恨啊！

我目视你轻微地战栗着起身，克制住情绪向台下鞠了一躬，又畏罪潜逃般下了舞台，不敢面对任何安慰、惋惜和激励。

可当时的我，竟然并不觉得有什么大不了，并且一直到很久以后，都不明白你为何从此与我疏远了距离。

我只是一架渺小的古筝，我没有改变命运的权利。

但是，我开始对我当时的态度后悔了。

九岁的重逢

终于，我又一次见到了你。

阳光伴随久违的轻松感重新降临时，我竟呆滞了几秒。但当我意识到你此刻就站在我面前，正视我、抚摸我时，心底企盼过千万遍的欣喜若狂和激动不已却并没有出现。

我再一次凝望你的眼睛，但它们已经变了。小水洼的模样几乎已经不复存在，它们变得像是深深的湖水。虽然依旧很清澈、很透亮，但它们已经很深了，我看不清，也看不透。

我不知道自己喜不喜欢这种感觉。但是，好久不见，我此刻的心情是忐忑不安的。

你坐下来，在犹犹豫豫中奏出了一首简单的曲子，却足以赢得客人们真诚热烈的赞叹。

隔着清冷的湖水，我依稀望见：你的眸子里有着恐惧、悲哀，还有一点点低落的迷茫。

我一霎间明白了。

我的小天使，她的誓言，她对我的珍爱，以及一切的一切……从来就没有消失过。

但是，她害怕了，害怕失败，害怕迷茫。正是失败和迷茫，在她心里形成了一道难以逾越的恐惧隔膜，让她离我越来越远！

我突然觉得：在她记忆深处，如果没有我的存在，其实也蛮好的——蛮好的。

我从来没有这样迫切地想要一个人遗忘我。

而这个人，恰恰是我曾经最不想被其遗忘的人，是我的天使。

可是，你不再见到我，就不会再去一遍遍地回想那次经历了啊。

我只是一架渺小的古筝，我没有改变命运的权利。

我好像在千万分之一的偶然中找到了自己心声的真谛。

十一岁的幸福

现在，我依然被摆放在犄角旮旯，无法吸引到家里人的视线，没有被赋予任何期待，更不会被摆出来光明正大地弹奏。

我的琴弦在布套的束缚下渐渐变了调，身上的尘灰也堆积了不少，有点痒痒的、干巴巴的。

但我心中，却异常快乐。

因为我，找到了存在的理由。

原谅我，曾经一味地想要获取你的珍爱。在无限的等待中，既折磨了自己，也像一个幼稚傻白的人物，被自私自利的主观情绪蒙蔽了双眼，忽视了你的情感。

但现在，我看清楚了。我要做自己喜欢的事，跟随自己的心意，顺从自己的想法。意义让思想不再空虚、不再失望。

这个是我——也是我们——在被命运玩弄于股掌之中的现实

里，唯一能够追求到的幸福。

真希望自己明白得再早些啊！

我知道，而且比任何人都更清晰地知道：让你继续被这层隔膜所阻碍，其实并非正确的选择。

只可惜，那个能帮助你击碎它的人并不是我啊。

因为我不忍心，也不希望你为我而痛苦。

我想就这么远远地看着你，看着你长大，看着你飞跃，看着你笑靥如花地度过每一天，看着你会越来越丰富、越来越美丽绚烂的眼眸。

就这么静静地守护你。让你不再痛苦，让你忘记心灵上的伤痕，这就是我所能够做的最美好的事。

谢谢你在很久很久以前，让我感受到被一个真挚的孩童珍爱的幸福。

现在，就在此时此刻，我愿时间静止，永远陪在你身边，请把这一秒无限地延伸下去，无止境地延伸下去，长一点，再长一点……

我只是一架渺小的古筝，我没有改变命运的权利。

但是，我有在命运中去守护、去珍爱的权利。

（作者学校：北京市西城区师范学校附属小学）

本文为2018第五届“北大培文杯”初赛参赛文

第五辑 人工风

科幻写作的尝试，注重点主要有二：一是重在想象力，激发创造力，让天真、奇妙的心灵放飞；二是强调合理性和逻辑思维，重视科学元素的合理运用。本辑所收科幻作品，让人惊喜。

刘品江的《你到底要什么》行文大气，结构巧妙，文风冷静。获得“诺贝尔人工智能奖”的“我”，发明出了有情绪、有思想、有个性的机器人“懂”，但万万没有想到“懂”竟制造出了一个仿真的“我”。而“所谓的爱，总是有条件，那其实不过是人类自命不凡、追逐自己欲望的游戏”的逼问，直击“科学与人性”的命题。《毁灭中重生》所设置的地球毁灭和太阳毁灭两条线，在梦、“我”、空间站这里聚合在一起，结构十分严谨；且人文性和科学性完美地融于一体，既有恢弘壮观的描述和对“永恒”意义的深思，又具丰富扎实的科学元素。

张瀚舒的《一张拯救地球的纸》，巧妙地用科幻体裁写出了“纸”（文明）的魅力。在“宇宙清道夫”号上的飞行员的眼中，地球文明和科技十分落后，被视为“宇宙中的垃圾和尘埃”，而正是纸张所承载的传统文明独特的“美和感动”拯救了地球。林芯竹的《羊皮纸上的秘密》，短短的二幕剧，剧情跌宕，一波三折。围绕着一张藏宝图，谍影重重，显示了作者成熟的驾驭能力。高瑾的《人工风》围绕着“风”做足了文章，既有梦幻中各种体现出自然意识的风，又有梦醒时分现实中的和煦清风。作者善于对场景的细致描述，故事充满画面感，令人仿佛身临其境，也是值得称道的。

小友名品江，随父姓刘，无字无号，品山品水品人生为名之寓意。总角之年一拾有二。颜之稚气未脱，然高七尺又五，四肢修长，瘦骨铜声，每与八尺悍父角力，互有胜负。

自幼尊师习礼，讲情重义，善护弱生。谦谦礼让于外，薄颜好面于内，幸得师友亲朋护佑。好以谐谑而得同伴欢心，旁人皆为之乐，而其佯作讷讷无关。追从“大语文”窦神等众名师三载，耳濡目染。后领略大师阿西莫夫之“机器人”系列、杰克·伦敦之《热爱生命》等名篇意蕴，胸中渐成苍凉宇宙之科幻沟壑。虽参赛偶得佳作小品，然瞻前路迢迢，唯复继潜心修学，方不负此生之行。

你到底要什么

刘品江

你说你爱雨，
但当细雨飘洒时你却撑开了伞；
你说你爱太阳，
但当它当空时你却看见了阳光下的暗影；
你说你爱风，
但当它轻拂时你却紧紧地关上了自己的窗子；
你说你也爱我，
而我却为此烦忧……

匆匆穿过执教的大学校园，广播里传来这首土耳其诗人的诗作，我不禁哑然失笑。都什么年代了，人们还是喜欢把时间浪费在揣摩他人的心思上。

我是一所国际一流大学的教授，昨天刚收到“诺贝尔人工智能奖”的获奖通知——因为我是世界上第一个发明出有情绪、有思想、有个性的机器人的科学家。我的机器宝贝叫“懂”，英文名叫“Understand”。因为我的发明，人类不用再猜测他人的想法，以后就让“懂”宝贝——这类能理解人类复杂情感的机器人，来为人类提供有温度的服务吧。

我迈着轻快的步子，来到了停车场。今天，我要带着我的挚爱“懂”，参加一个国际创新机器人大赛。比赛场地设在一个磁悬浮铺设地面、通体透明的巨大球形大楼，外观甚是气派。门口由两个高大的机器人把守。墙体上特制的新型玻璃有一层反光膜，在吸收阳光的同时释放出宜人的空气，既让楼外美丽的风景尽收楼内人的眼底，又绝对隔绝了楼外人的视线。

一走进比赛区域，机器人秘书就递给我特制工具箱。我开始安装那个让我无比骄傲、带给我至高荣誉的挚爱宝贝“懂”。选择现场安装，是为了显示整个设计过程都是我的原创，也只有我才是“懂”的主人，对它有绝对权威的控制权。最好的机油、最精细的螺丝、最高端的芯片……一切都驾轻就熟。没有人知道，这看起来轻松流畅的过程，是我投入了五年日日夜夜，经历无数次的失败换来的。比赛结果毫无悬念，其他机器人只不过是跳跳高、唱唱歌，“懂”却瞬间就能理解我的所有指令，它那不浮夸又恰到好处的服务，引来其他参赛者和评委的无数艳羡。

比赛结束了，刹那间，闪光灯、摄像头、照相机，一齐对着我“狂轰滥炸”，所有人都围过来。回答问题让我口干舌燥，我脸上露出了倦容。“懂”适时出现，绅士而有礼貌地拒绝了其他人的打扰，护送我来到了休息室。我已经习惯了与“懂”之间的默契，可还是忍不住对他说：“亲爱的，我觉着好像已经离不开你了，你就像我的亲人！”“懂”在我身后沉默着。没有得到他的回应，我诧异地回身望向他。他高大的身躯一动不动。专门给他特制的仿真皮肤富有弹性，完美的五官此时却面无表情。正当我思索“懂”是不是出了什么故障时，他突然走到我面前，打开了他前胸的显示器。

我看到一个似乎是生产仿真人的流水线现场：机械手井然有序地组装着躯干、四肢、头颅……在组装成品的出口处，有一个机器人正在进行仿真人最后的随机智力检测！我听到机器人提出的问题，竟然是目前科学领域正在攻坚的难题！仿真人思路清晰地回答了所有的问题，这让我大为惊异。但更让我骇然的是，等这个仿真人缓缓转过身时，我看到那竟然是我自己的脸！

“懂”静静地说：“刘教授，恭喜我吧，我是第一个成功克隆人的智能机器人。而我克隆的‘刘教授’正是将人脑和电脑完美结合的高级人种。”“懂”嘲讽而同情地看着我：“你现在明白我的感受了吧？当你实验失败后毫不在意地把我的手、腿、头颅丢弃在实验室里的熔炉里时，当你不厌其烦地改进程序，就是为了让我变得更加卓越来为你服务时，我不知道是应该感谢你还是应该恨你？你们人类以为自己是一切的主宰。你们口中说爱，其实却相互猜忌。你们所谓的爱，总是有条件的，那其实不过是人类自命不凡、追逐自己欲望的游戏！你到底想要什么？”

我脑子突然一片空白，耳边恍惚飘来遥远的声音……

你说你爱雨，
但当细雨飘洒时你却撑开了伞；
你说你爱太阳，
但当它当空时你却看见了阳光下的暗影；
你说你爱风，
但当它轻拂时你却紧紧地关上了自己的窗子；
你说你也爱我，
而我却为此烦忧……

（作者学校：北京市海淀区实验小学）

本文为2018第五届“北大培文杯”初赛参赛文

毁灭中重生

刘品江

“轰隆隆——”，伴随着震碎耳膜的爆炸声，天空中升腾起万米高的蘑菇状云朵，瞬间将天幕扯得支离破碎。一切都在瞬间毁灭了，曾经蔚蓝的天空、浩瀚的大海、万年的冰川……一道寒彻的白光刺入紧闭的眼睛，我又一次被梦中那道刺目的白光惊醒了。

费力地睁开眼睛，首先看到的是透明高分子太空休息仓床的罩子。“Dr.Liu，早晨好！今天是太元2018年5月26日。您的心率是……”智能太空钟感受到主人已醒来，打开休息仓罩，“愉快地”开始工作。随着意识逐渐恢复，我知道自己又做了那个地球毁灭的梦，白色强光带着令人战栗的恐怖气息仿佛穿透了精密安全的太空舱，笼罩着周围的一切。“唉……”我叹了口气，虽然每次醒来还活着，但其实地球已经在几千年前被核武器毁灭殆尽，我们这些人类移居太阳系的“R空间站”已经两千多年了。这里的一切能量获得都是依靠太阳，所以，现在的年份不再是“公元”而是“太元”。太空钟其实是一个太空机器人，它功能强大，数据库完备，能回答很多问题，但它丝毫无法察觉我的情绪——它是个助手但不是伙伴。“Dr.Liu，经测试，您的血液中钾离子含量有降低趋势，我已给您准备好了要素早餐。今天的工作……”

在太空钟精确而礼貌的报告过程中，我穿好空间站特制的制服，开始了一天的工作。在这个空间站有近百人，来自不同国家。

我的工作主要是负责监控和测量太阳的能量变化。透过精致的观测窗，可以远远地遥望这颗红色的巨星——这颗寿命有 100 亿年的黄矮星，它光彩绚烂而又能量无限，它养育了人类、创造了万物。人类对太阳的崇拜也是由来已久。太阳是一切神话的核心，人类最早创造出的神就是太阳神。太阳“从仅仅是一个发光的天体变成了世界的创造者、保护者、统治者和奖赏者”，人类也将它看成永恒不灭的代表。

“到底有什么是永恒的？”

我一边记录着太阳能量的最新数据，一边默默思考。我曾经从太空钟的芯片上读到过，人类自久远以前就日复一日地追逐如星辰般遥不可及的永恒。从“地心说”到“日心说”，从“炼丹制药”到“科技延生”，从“霍金的地球毁灭预言”到“移居太阳系”，人类的历史仿佛就是一部追求“永恒不灭”的史诗。经常被那个地球毁灭的梦魇困扰、在梦里充满了恐惧和绝望的我，虽然没有亲历地球的毁灭，但一定继承了盲目的自负和内心猜疑的基因，地球毁灭的伤痕深深地留在了我的血液里。我们这些仅剩的所谓人类“精英”，蜗居在这个连呼吸都要依靠氧气装置的空间里，咀嚼着所谓科技的产物，舔舐着摇摇欲坠的永恒。所有的人都不是在生活，而只是在苟延残喘地生存着。

“生存的意义是什么？”

窗外的红色巨星闪烁出诡异的光芒，仿佛是一个火球在张牙舞爪地戏谑着。我曾经无数次地遥望它，却只感到寒冷和恐惧，想起许久以前地球上的法国作家拉罗什福科曾说过的：不灭的太阳也无法使人们久视。是的，太阳久视会伤目，死亡久思会伤心。太阳的能量会有消失的一天，人类也有死亡的一日。也许生命的伟大就在于整个创造、辉煌而又消逝的过程。学习认清和接受这个事实，也许就是生命的意义。

其实，近一年来，空间站的科学家已发现太阳系中的虫洞正在让时间环中的虚粒子变成实粒子，这个过程会产生巨大的能量，使得虫洞崩溃，其直接后果就是将太阳直接吸入虫洞。也就是说，太阳也正面临如地球毁灭一般的命运。

我正在出神，操作台上的能量报警红灯突然触目惊心地闪烁起来！报警器发出刺破耳膜的呼啸！一切都在震动、摇摆、破碎！灼热的温度，耀眼的红光，一切都在颤抖中毁灭，一切也在这毁灭中重生……

（作者学校：北京市海淀区实验小学）

本文为2018第五届“北大培文杯”复赛第十六场参赛文

我是来自北京大学附属小学的张瀚舒。

在校训和家训的双重影响下，在燕园文化的日夜熏陶下，我爱上了阅读。我读书最大的特点是“不挑食”，我爱罗尔德·达尔和J.K.罗琳的魔幻奇丽，也爱罗兰·英格斯·怀德的细腻温暖；爱曹文轩的纯美朴实，也爱刘慈欣的脑洞大开……

除了阅读，我还在学校社团培养出两个爱好：建模和观鸟。我代表学校参加了“全国青少年建筑模型教育竞赛”，获得了一等奖；还跟随北大附中的学长学姐们参加了“自然之翼”考察团，深入云南高黎贡山观鸟、捉虫、追踪长臂猿……建模给我科学的思维，观鸟给我自由的畅想。

我想，写作可以来源于丰富阅读、得益于科学思维、放飞于自由想象，我愿在缤纷多彩的学习和生活中继续书写成长。

一张拯救地球的纸

张瀚舒

夜空中，“宇宙清道夫”号飞行器飞翔在中国上空。

“我们都已经围着地球转了十圈了，考察了他们最先进的文明和科技，实在是没什么看头啊！”二号飞行员用外星语无精打采地说。

“我完全同意二号的意见。地球人现在搞的什么人工智能、量子计算之类的东西，号称是他们最先进的科技，都太小儿科了！”三号飞行员接着说。

作为队长的一号飞行员点了点头：“嗯，他们的文明和科技，对我们来说就相当于一粒小小的细菌，现在他们竟然连太阳系都还飞不出去。尤其是，他们把有限的智力，都用在了明争暗斗、互相打仗和掠夺资源上，这样的文明就是宇宙中的垃圾和尘埃而已！那么，我们开始表决吧，是否对地球文明实施清理行动。”说完后，他就发出了表示同意的生物电波。

“我同意！”“我也同意！”二号和三号也都投了赞成票。

一号做出总结发言：“全票通过！那我这就按下按钮，地球文明将立刻被抹去，这里所有的生命都将终结，所有的文明也都将消失，我们要赶着去清理下一个星球了……”

正在这时，一张纸随风忽悠悠飞上了天空，正贴在飞行器的前视窗上。

“这是什么东西？难道是地球人搞的什么秘密武器？”三号惊呼。

一号不屑地说：“地球上不可能有我们搞不懂的东西，拿进来看看好了。”

一束光飞射而出，一瞬间那张纸就被抓取到飞行器中。三个飞行员把三个脸盆那么大的脑袋凑在一起，向纸上看去。

二号说：“这是用中文写的什么东西。看笔迹，应该来自一个幼年地球人类，让我来检索一下。”

“《如梦令》，这是近一千年前，一个女性地球人李清照创作的一种叫‘词’的文化作品，‘昨夜雨疏风骤……应是绿肥红瘦’。”

三号用六只手一起抱着肥大的肚子，大笑起来：“哈哈哈，太好笑了……太幼稚了……按照他们的语言，绿和红是颜色，肥和瘦是身材，这样的词语怎么能凑到一起呢？完全都是不合逻辑的病句，这还能成为作品？所以说，他们的文明根本就是垃圾。”

一号和二号却都陷入沉默。

二号说：“我怎么觉得有点儿不对劲？看完这个‘绿肥红瘦’，我的四颗心脏都有种麻麻的感觉。”

一号沉思道：“我也有这种感觉，我的生物电波好像产生了一些奇怪的反应。这个叫‘词’的东西很古怪！我们只研究了地球最新的文明，那些我们都很容易懂，但是他们古老的文明，我们还没了解过。这样，我们先研究清楚这个‘绿肥红瘦’，只要证明这只是个病句，我们就执行清理行动！”

十年过去了……飞行器上的三个飞行员都显得垂头丧气，非常憔悴。

一号有气无力地说：“我们已经用上所有符合逻辑的字，却都比不了这个李清照的‘绿肥红瘦’带来的特殊、刺激。看来要做出结论了，人类曾经创造过我们搞不懂、也创造不出的文明。他们有种叫作灵感的东西，经常不按逻辑，却能创造出一种奇怪的美和感动。从这个词出发，我们又研究了上千首诗词，发现这样的例子越来越多，再研究下去，我们就要老死在地球了。”

二号和三号问：“队长，那么我们还要不要执行清理行动？”

“根据清理条例，他们的文明有超越我们的地方，我们无权实施清理行动。我们飞往下一个星球吧。三号，把那张纸收入宇宙超级文明档案，让我们向一千年前的地球文明行礼，现在出发！”

（作者学校：北京大学附属小学）

本文为2018第五届“北大培文杯”初赛参赛文

我叫林芯竹，来自首都师范大学附属小学。我学习刻苦，勤于思考，领悟能力强，对事物有自己的独特见解。我爱好广泛，尤其钟爱历史、文学和写作，并在“北大培文杯”青少年创意写作大赛、“春蕾杯”作文比赛等活动中获得多个奖项。我热爱科学，并在中小学科技竞赛及“金鹏杯”科技论坛上斩获桂冠；音乐是我的好朋友，我作为校口琴乐团首席，与同伴们一起在华夏、亚太等口琴节上为学校赢得多项荣誉。学习和实践让我体会到“宝剑锋从磨砺出，梅花香自苦寒来”的哲理。这一路上，是文学的相伴让我在每一次尴尬中都有一次成长的完美转身，在每一次完美的转身后都有一次美丽的蜕变。

期待遇见每一位在文学地图上探寻幸福的你。

羊皮纸上的秘密

林芯竹

人物：机器人女仆、汉斯、灰鼠、BIG BOSS、黑衣特工 A、黑衣特工 B、BIG BIG BOSS

第一幕

在一个雷雨交加的 X 光年夜晚，外面电闪雷鸣。

机器人女仆：主人，上级交代的 2B81 型号机器人已经造好。

一只灰鼠跑到 2B81 型号机器人的芯片上。

机器人女仆：发现入侵者！

机器人女仆用磁引力吸起铁叉，追到灰鼠洞前。灰鼠们像被电击一般，四处乱窜，仓皇逃跑。

机器人女仆：入侵者已经逃走。

汉斯（从实验室走出来，走到门旁的书架，取出一本手机书，不耐烦地向门外望了望）：吵吵嚷嚷的在干什么呢？！

汉斯：那是什么？

机器人女仆：老鼠和它的洞。

汉斯：回来吧。

机器人女仆：还有一块背面毛茸茸的、有痕迹的黄东西。

汉斯：没什么啦，回来吧。

机器人女仆：依手机书记载，这应该是羊皮纸。

汉斯：啊？！

汉斯连忙跑过去，把手伸进洞里……毛茸茸的、略微泛黄的东西发出一股扑面而来的腐臭味。汉斯双手抓住卷轴，硬是把那个东西拽了出来。

汉斯：羊皮纸？写的什么？快帮我查查！

倾盆大雨依旧毫无忌惮地从天而泻。汉斯和机器人女仆进了房间。

机器人女仆：这是夏洛克·杰威的藏宝图。上面标注藏宝地点是在喜马拉雅山的顶峰。

汉斯：什么？！夏洛克·杰威的藏宝图不是早就丢失了吗？

机器人女仆：不是，是还没有找到。

汉斯：真是“踏破铁鞋无觅处，得来全不费工夫”啊，我终于可以对王朝有个交代了！啊哈哈哈……

第二幕

汉斯来到仓库，用变大光波把玩具飞机放大……像变魔术一般，飞机两侧的机翼立刻伸展出无数折叠机关，瞬间一架巨无霸出现在眼前！机身中藏着的巨型马达嗡嗡作响，汉斯立刻驾驶飞机朝喜马拉雅山飞去。

灰鼠（从洞中爬出，从耳朵中掏出定位搜索对讲仪）：任务已完成。

就在汉斯刚离开的 10 分钟内，黑衣特工们赶到他的实验室，偷走了夏洛克·杰威的藏宝图，并交给来自外太空的 BIG BOSS。

BIG BOSS：藏宝图拿来！

黑衣特工 A：请问是这份吗？

黑衣特工 A 把藏宝图恭恭敬敬地递到 BIG BOSS 手中。

BIG BOSS：这份应该是复制品，中间少了几条线索，给我查查真的那份在哪儿？我已经让老鼠把巡查定位系统芯片安装在真正的藏宝图上了。

黑衣特工 B：既然您已经安装上了巡查定位系统芯片，又为何要叫我们去查呢？

BIG BOSS：自有我的道理。

汉斯因飞机失事坠落在喜马拉雅山根，他的身体陷入地下死亡迷宫，一群野兽扑在他身上啖着他的肉，天空中盘旋着几只兀鹫，伺机俯冲啄食残羹。仿佛是汉斯的灵魂发出的痛苦的呻吟声回荡在迷宫中。

BIG BOSS 打开定位系统，得意地捋了捋自己的小胡子，潇洒地几个箭步跃身进入一艘宇宙飞船，启动巡航系统起飞，黑衣特工 A 和 B 开动护航舰紧随其后。

BIG BOSS 与特工们开着飞船来到喜马拉雅山根下。就在他们刚在一处山洞找到了遗失的藏宝图时，他们却遇到了饥饿的雪谷怪兽！他们恐慌得四处狂奔逃走，却被闪电般奔跑的怪兽顷刻间扑倒，沦为怪兽的口中餐！

机器人女仆（用手在空中一划，点开空中的光速追踪仪）：BIG BIG BOSS，任务已经完成，任务已经完成。

BIG BIG BOSS：OK！那我的儿子 BIG BOSS 一定会认为我这场游戏很好玩吧？！只有通过有挑战和刺激的行动获得的宝贝，才会倍感珍惜啊。多年前，自从王者星球的国王把宝藏留给了我这个功臣后，他的儿子汉斯就一直耿耿于怀，要抢回藏宝图。现在，哈哈哈……

机器人女仆：我只是按照程序编排，完成了我应该完成的任务。追踪影像显示，您的儿子 BIG BOSS 只剩下尸骨了。

BIG BIG BOSS：我的儿子啊！你不要离开我……

BIG BIG BOSS 喊着，悲伤欲绝地拿起腰间的激光剑刺向自己的喉咙！

机器人女仆：任务已完成。

遥远太空传来一束光波，夹杂着人类无法识别的声波：%……&*#￥。此时，机器人女仆从身上一片片地卸下盔甲，变成一个大头、大眼、细脖子、长胳膊、长腿的外星人，带着得意的笑容张开双臂飞向银河。

（作者学校：首都师范大学附属小学）

本文为2018第五届“北大培文杯”初赛参赛文

我叫高瑾，就读于首都师范大学实验小学，是一个活泼、开朗、做事认真负责的女孩。我是本校“绿色之声”合唱团的成员，还参加过舞蹈和花样滑冰训练。我平时喜爱阅读文学、历史、地理、生物、科学等各类图书。在中国古代作品中，我最喜欢罗贯中的《三国演义》；在外国作品中，我最喜欢杰克·伦敦的《野性的呼唤》。

人工风

高 瑾

抬头看了眼铁黑色的天空，我快步走进便利店。摘下防毒面具，环顾四周，洁白的墙壁上挂着许多彩色装饰品，店里只有少得可怜的顾客。找了许久，3D投影的“文具区”三个小字终于出现在我的眼前。忽然，一个僵硬的电子音如激光刀一般打破了便利店里的宁静：“您好，请问您要免费体验X公司新发明的人工风吗？”

回头看去，一个机器人正在向我招手，它的另一只手端着托盘，上面放着几个精致的瓶子，瓶子像是由水晶制作，透明晶莹，泛着淡蓝色的微光。机器人说：“这里有玫瑰花味的风、热带雨林的风、西湖上的风以及巧克力工厂的风，您要体验哪一种？”

听到“巧克力”三个字，我咽了咽口水，但还是拿起了投影出热带雨林风景的瓶子。听说热带雨林早在5000年前就消失了，我从未闻过那里的风。瓶子自动悬浮起来，慢慢旋转着……在五彩的投影里，树木茂密参天，有如圆顶的绿色走廊，可爱的小动物们在树下嬉戏玩耍。一股微风从小瓶子里飘出来，轻轻吹拂在我脸上，我激动地赶紧深吸一口气，等来的却不是史书里热带雨林清新自然的芳香。刺鼻的雾霾与汽车尾气混合味道猛地把我包围，我好像来到了一片荒芜的土地，深灰色的天空像旧运动鞋的鞋底一样阴沉肮脏，四处是废弃的工厂，就像恶魔的城堡，一根根烟囱冒着黑烟，土地干裂开的口子仿佛巨大的蜘蛛网向四周蔓延……压抑的寂静里，似乎只有一只癞蛤蟆“呱呱”叫着，它两腮突出，身上布满大大小小的肿块，不断向我逼近，我甚至能感觉到癞蛤蟆冰凉、黏乎乎的爪子贴到了我的腿上……这使我猛地惊醒，抬头望去，那个机器人还在“呱呱”地讲着。

“如果您对这个不满意，那还有其他产品供您选择。”机器人没有放弃的意思，“我店还有澳大利亚桉树林的风、日本樱花的风、法国薰衣草的风、新疆草原上的风和奶油蛋糕的风，这些风都是由一万台全宇宙计算速度最快、功能最全的电脑模拟出来的，能帮您还原所有早已不存在的味道，价格不贵，一瓶只要一亿元，而且——”这可恶的机器人居然还想喋喋不休地讲下去，我从身旁的货架上拿起一根笔，向前一抛，正中机器人的禁音按钮。

搞定这烦人的机器人后，我买完文具，戴上防毒面具，拉上防护服的拉链，打开门，钻进裹挟着放射性尘埃的黑色狂风里。风越来越大，脚下的路面越来越模糊……我突然被地上的什么东西绊住，猛地向前摔倒！我吓得尖叫一声从床上坐起来。原来是一个梦。发了一会儿呆，想起爸爸交代的任务，我提着水桶走向楼下的花园。

清晨的夜来香还在开放，紫红色的小花散落在一丛丛绿叶之中。有片叶尖上挂着一颗晶莹的露珠，阳光穿过，映射出彩虹的色彩。起风了，那颗露珠转瞬消失不见。

（作者学校：首都师范大学实验小学）

本文为2018第五届“北大培文杯”决赛参赛文

附录：2018第五届“北大培文杯”全国青少年创意写作大赛小学组题目

初赛题目

题目一：下面是土耳其诗人 Qyazzirah Syeikh Ariffin 的一首哲理诗，请根据你的理解创作一篇作品（1000 字以内），文体不限（小说、诗歌、散文、戏剧等文体，古体诗除外）。

你说你爱雨水，
但雨从天降时，你却撑开了雨伞。
你说你爱阳光，
但阳光灿烂时，你却藏在了阴凉之处。
你说你爱风儿，
但阵风吹起时，你却关上了窗儿。
这就是为什么，你说你爱我时，
我却产生了忧患……

题目二：请以“纸”为主题，自拟题目，创作一篇作品（1000 字以内），文体不限（小说、诗歌、散文、戏剧等文体，古体诗除外）。

复赛题目

第一场

请以“大雾散去”为主题，创作一篇作品，题目自拟，文体和字数不限。

第二场

请以“链”为主题，创作一篇作品，题目自拟，文体和字数不限。

第三场

芬兰谚语说：美丽的大理石不用修饰。请就此展开思考和联想，创作一篇作品，题目自拟，文体和字数不限。

第四场

请阅读诗歌《弹琴》，展开思考和联想，创作一篇作品，题目自拟，文体和字数不限。

弹　琴

刘长卿

泠泠七弦上，静听松风寒。
古调虽自爱，今人多不弹。

第五场

请阅读诗歌《桃花盛开》，展开思考和联想，创作一篇作品，题目自拟，文体和字数不限。

桃花盛开

[德]赫尔曼·黑塞

满树桃花盛开
未必每朵都能结果
熠熠如玫瑰色的泡沫
映衬云影蓝天

灵感也像桃花
每天成千上百地绽放
开吧！一切顺其自然
别问能收获什么

也当有嬉戏与纯真
也当花开满树
否则天地便太过狭隘
生命也缺乏乐趣
（陈明哲译）

第六场

请以“候鸟衔来的种子”为主题，创作一篇作品，题目自拟，文体和字数不限。

第七场

请以"窗外阳光倾泻"为主题，创作一篇作品，题目自拟，文体和字数不限。

第八场

请阅读诗歌《日落象山》，展开思考和联想，创作一篇作品，题目自拟，文体和字数不限。

日落象山

洛夫

好多人在山顶
围观
一颗落日正轰轰向万丈深谷坠去

让开，让开
路过的雁子大声惊呼

话未说完
地球已沉沉地喊出一声
痛

第九场

请以"逆"为主题，创作一篇作品，题目自拟，文体和字数不限。

第十场

俄罗斯作家普里什文说：人的身上有大自然的全部因素，只要人有意，便可以和他身外所存在的一切互相呼应。请就此展开思考和联想，创作一篇作品，题目自拟，文体和字数不限。

第十一场

请以“榴花殷红”为主题，创作一篇作品，题目自拟，文体和字数不限。

第十二场

请阅读《世界的花》，展开思考和联想，创作一篇作品，题目自拟，文体和字数不限。

世界的花

宗白华

世界的花
我怎能采撷你？
世界的花
我又忍不住要采得你！
想想我怎能舍得你
我不如一片灵魂化作你！

第十三场

请以“风与蝴蝶”为主题，创作一篇作品，题目自拟，文体和字数不限。

第十四场

美国作家梭罗说：从圆心可以画出多少条半径来，而生活方式就有这样的多。请就此展开思考和联想，创作一篇作品，题目自拟，文体和字数不限。

第十五场

请以“透明的镜子”为主题，创作一篇作品，题目自拟，文体和字数不限。

第十六场

法国作家拉罗什福科说：不灭的太阳也无法使人们久视。请就此展开思考和联想，创作一篇作品，题目自拟，文体和字数不限。

第十七场

请以“远方的车站”为主题，创作一篇作品，题目自拟，文体和字数不限。

第十八场

意大利作家卡尔维诺说：谁想看清尘世，就应当同它保持必要的距离。请就此展开思考和联想，创作一篇作品，题目自拟，文体和字数不限。

决赛题目

题目一：请以“风与海的对话”为题目，创作一篇作品，文体和字数不限。

题目二：请阅读诗歌《起风》，以“起风以前”为题目创作一篇作品，文体和字数不限。

起 风

西川

起风以前树林一片寂静
起风以前阳光和云影
容易被忽略仿佛它们没有
存在的必要
起风以前穿过树林的人
是没有记忆的人
一个遁世者
起风以前说不准
是冬天的风刮得更凶
还是夏天的风刮得更凶

我有三年未到过那片树林
我走到那里在起风以后

图书在版编目（CIP）数据

少年未来说：“北大培文杯”全国青少年创意写作大赛优秀作品．第1季／曹文轩，高秀芹主编．—北京：中国人民大学出版社，2019.6

ISBN 978-7-300-26947-4

Ⅰ.①少… Ⅱ.①曹… ②高… Ⅲ.①作文－小学－选集 Ⅳ.①H194.4

中国版本图书馆CIP数据核字（2019）第080206号

少年未来说

“北大培文杯”全国青少年创意写作大赛优秀作品·第1季

曹文轩　高秀芹　主编

Shaonian Weilaishuo

出版发行	中国人民大学出版社		
社　址	北京中关村大街31号	邮政编码	100080
电　话	010-62511242（总编室）		010-62511770（质管部）
	010-82501766（邮购部）		010-62514148（门市部）
	010-62515195（发行公司）		010-62515275（盗版举报）
网　址	http://www.crup.com.cn		
经　销	新华书店		
印　刷	天津中印联印务有限公司		
规　格	170mm×240mm　16开本	版　次	2019年6月第1版
印　张	14.5 插页3	印　次	2019年6月第1次印刷
字　数	164 000	定　价	39.00元

人大社青少年写作书目

中国人民大学出版社一直致力于为青少年出版充满创意的写作书，激发孩子的写作思路，让孩子在写作中发现自我、表达自我，同时学习写作技巧，提高写作水平。

写作不只是写作文，它是一种充满想象力的创作，能够极大地拓展人的思维和表达能力，更是一种可以伴随孩子一生的技能。这里有通过画画启发创意思维的《写写画画故事书》，有美国获奖作家系统讲授写作方法与技巧的《写作大冒险》和《小作家手册》，有儿童文学作家带来的《作文课》，有写作大赛名师的课堂再现《丁丁老师创意作文课》……在这里，你能找到孩子喜欢读的写作书。希望人大社写作书不仅能帮孩子学到写作技巧，还能让孩子真正地爱上写作。

书名	作者	出版日期	介绍
《写写画画故事书》（套书五册，赠日记书）	白铅笔	2018 年 7 月	适读年龄：6～9 岁。 孩子的第一套创意写作启蒙书，让孩子创作出属于自己的绘本故事。
《写作大冒险——惊喜不断的创作之旅》	[美] 凯伦·本克	2018 年 10 月	适读年龄：9～18 岁。 来自美国的超酷创意写作书，可以撕、可以写、可以画、可以玩。
《小作家手册——故事在身边》	[美] 维多利亚·汉利	2019 年 2 月	适读年龄：9～18 岁。 获奖作家为你揭开写作的秘密，你也能成为一名真正的小作家。
《丁丁老师创意作文课——教你写出有个性的作文》	丁丁老师	2018 年 10 月	适读年龄：9～12 岁。 写自己、写家人、写游记、写场景、写生活，告别套路，教你写出与众不同的味道。
《丁丁老师创意作文课——教你写出会思考的作文》	丁丁老师	2018 年 10 月	适读年龄：9～12 岁。 写推理、写变形故事、写说明文、写议论文，让你的作文会呼吸，写出自己独特的思考。
《写作魔法书——28 个创意写作练习，让你玩转写作》（修订版）	白铅笔	2019 年 6 月	适读年龄：9～15 岁。 好玩的创意写作练习，你的笔一写就停不下来。写作的魔法就藏在你的脑袋里，快来试一试！
《写作魔法书——让故事飞起来》	[美] 加尔·卡尔森·莱文	2014 年 6 月	适读年龄：9～15 岁。 纽伯利奖获奖作家分享写作秘密，帮你找到绝佳的故事创意。
《作文课：让创意改变作文》	谭旭东	即将出版	适读年龄：9～15 岁。 贴近中小学生生活的写作课，教你把创意用到写作中。
《写写画画日记书》	白铅笔	即将出版	适读年龄：6～9 岁。 孩子爱画爱写的日记书，有趣的引导创意多多，让孩子爱上写日记。
《成为小作家》	李君	即将出版	适读年龄：9～12 岁。 语文名师手把手教你写作，写出自己独一无二的作品。

书名	作者	出版日期	介绍
《少年未来说》	曹文轩 高秀芹	2019 年 6 月	适读年龄：6～12 岁。 “北大培文杯”全国青少年创意写作大赛优秀作品（第 1 季），展现青少年天马行空的想象力和精妙灵动的文字水平。
《写给未来的自己》	刁克利 高秀芹	2019 年 6 月	适读年龄：10～18 岁。 “北大培文杯”全国青少年英文创意写作大赛优秀作品（第 2 季），用英语展现创意与写作，向未来出发。
《北大清华学长的写作黑科技》	《意林》 编辑部	即将出版	适读年龄：12～18 岁。 北大、清华学长分享自己的写作秘密，四十位高考作文学霸的走心经验谈。
《爱追剧？那你的作文有救了》	郭建华	即将出版	适读年龄：12～18 岁。 电视剧里有门道，藏着作文高分的小秘密。换个角度看电视，既追了剧，又写了作文。

北大培文杯 决赛评委

曹文轩
北京大学教授、作家
「国际安徒生奖」获得者

李敬泽
中国作家协会副主席
评论家、作家

格非
清华大学教授、作家

郜元宝
复旦大学教授、评论家
长江学者

张福贵
吉林大学教授
学者、长江学者

陈晓明
北京大学教授
评论家、长江学者

谢有顺
中山大学教授
评论家、长江学者

欧阳友权
中南大学教授、学者

李舫
人民日报海外版副总编辑
评论家、散文家

施战军
《人民文学》主编、评论家

顾建平
《小说选刊》副主编
评论家

舒晋瑜
《中华读书报》编辑记者
评论家

贺绍俊
沈阳师范大学教授、评论家

孙甘露
上海作家协会副主席、作家

臧棣
北京大学教授、诗人

汪锋
北京大学教授、学者

张鸿声
中国传媒大学教授
研究生院院长、学者

高远东
北京大学教授、学者

徐则臣
《人民文学》编辑、作家

倪文尖
华东师范大学教授
学者、教育家

陈剑澜
中国人民大学教授、文学院
院长、学者

邵燕君
北京大学副教授、评论家

谭旭东
上海大学教授
作家、评论家

朱竞
编审、评论家

孙民乐
中国人民大学副教授、学者

张莉
北京师范大学教授、评论家

张学昕
辽宁师范大学教授、评论家

李洱
中国现代文学馆研究员
作家

胡少卿
对外经贸大学教授、诗人

王干
《小说选刊》主编
评论家、编审

罗勇
四川省作家协会巡视员
评论家

柳袁照
诗人、教育家

白烨
中国当代文学研究会会长
评论家

陈福民
中国当代文学研究会秘书长
评论家

孟繁华
沈阳师范大学教授
评论家

陆绍阳
北京大学教授、学者

吴玄
《西湖》主编、评论家

孔庆东
北京大学教授、学者

彭程
《光明日报》领衔编辑
评论家、散文家

陈晓明
北京大学教授、学者

季进
苏州大学教授、学者

王尧
苏州大学教授、评论家
长江学者

何平
南京师范大学教授
评论家

张生
同济大学教授、作家

梁彬
《新华文摘》编审、评论家

李剑锋
山东大学教授、学者

高秀芹
诗人、出版家

刁克利
中国人民大学教授

堵力
《中国青年报》编辑
评论家

萧立军
《中国作家》原副主编
评论家

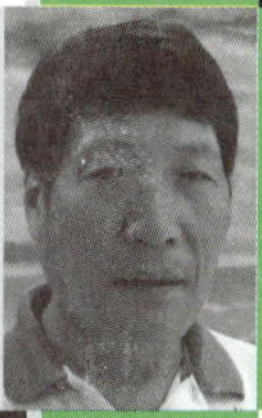

黄宾堂
作家出版社总编辑、评论家

赵瑜
中国报告文学学会副会长
山西省作家协会副主席
作家

金宁
《文艺研究》副主编
评论家

晓武
华南师范大学教授、评论家

罗岗
华东师范大学教授、学者

刘川鄂
湖北大学教授、文学院院长
评论家

彭敏
《诗刊》编辑、诗人

杨庆祥
中国人民大学副教授
评论家

郭冰茹
中山大学教授、评论家

石一枫
《当代》编辑、作家

郑熙青
中国社会科学院助理研究员

吕正
《萌芽》编辑、作家

薛静
清华大学博士后

王玉玉
北京大学中文系博士生

林品
首都师范大学讲师